RÉVÉLATIONS

SUR

L'ASSASSINAT D'ALEXANDRE II

1924

NEUCHATEL — IMPRIMERIE ATTINGER FRÈRES

RÉVÉLATIONS

SUR

L'ASSASSINAT

D'ALEXANDRE II

PAR LE

MAJOR OSMAN-BEY

KIBRIZLI-ZADÉ

PUBLIÉ A L'OCCASION

DU 5me ANNIVERSAIRE DE L'ASSASSINAT D'ALEXANDRE II

GENÈVE

LIBRAIRIE H. STAPELMOHR

1886

AVIS AU LECTEUR

Plusieurs salves d'artillerie annoncèrent *urbi et orbi* la publication imminente de nos *Révélations* par la *Gazetta d'Italia*.

Cette publication commença, en effet, le 4 septembre 1883 et s'arrêta court le 18 janvier de l'année suivante.

Cinq longs mois pour publier une *sensation* de cette sorte !

Mais ce qui est plus épatant encore, c'est à coup sûr le *stop-her* que fit faire à sa machine le rédacteur en chef de la dite feuille. Car, se voyant face à face avec le vingtième chapitre, il fit halte-là, laissant l'honorable public et l'auteur avec un pied de nez.

Trompé par le sieur Pancrazi, nous allâmes frapper à la porte de l'éditeur Sommaruga.

Nouveau déboire!

Celui-ci a fait encore mieux; il n'a rien publié du tout. Pourtant sa signature l'obligeait à publier les *Révélations* au terme du 1er mars 1884.

Ces faits se passent de tout commentaire : à eux seuls, ils servent à montrer au lecteur de quel acabit sont les gens qui redoutent nos *Révélations*[1].

OSMAN-BEY.

[1] L'éditeur Sommaruga purge en ce moment-ci sa condamnation à sept ans de travaux forcés, due à d'autres escroqueries.

PRÉFACE

LETTRE A M. DE GIERS,

Ministre des affaires étrangères.

Monsieur le Ministre,

S. M. l'Empereur vient de Vous adresser ses remerciements pour l'heureuse issue des fêtes de son couronnement : en plus, à cette occasion, Vous avez empoché la Grande-Croix de l'Ordre de Saint-André. Permettez-moi de vous dire, M. le Ministre, que tant ces remerciements que cette croix sont usurpés; puisqu'ils appartiennent de droit à celui qui a vaincu la révolution; et celui-là ne s'appelle ni de Giers, ni Ignatief, mais Osman-Bey, l'humble serviteur de V. E. et de toutes les Excellences imaginables que l'on trouve en Russie.

V. E. connaît parfaitement quels sont les titres sur lesquels j'appuie mes prétentions d'avoir sauvé la Russie de l'anarchie et du règne de la terreur. Néanmoins je les rappellerai ici, ne fût-ce que par égard pour l'état de surexcitation et de vertige qui a dû se saisir ces jours-ci des hôtes du Kremlin.

1° Je suis le vainqueur de la révolution, parce que c'est bien moi, Osman-Bey, qui, depuis 1873, parcours la Russie européenne et asiatique, criant de toute la force de mes poumons :

Russes! repoussez l'ennemi!

Sous la révolution reste cachée l'hydre judaïque!

2° Après avoir mis sur leur garde les masses, je me suis tourné vers ces Excellences qui, comme vous, tiennent entre leurs mains les destinées de la Russie.

Mais ni mes cris, ni mes exhortations, ni même la vue du cadavre de notre Empereur n'ont pu vaincre votre pédantisme, votre présomption et votre aveuglement.

Il a fallu que je courre à Paris (septembre 1881) et que j'arrache des trophées des bureaux même de l'Alliance israélite universelle; et ce n'est qu'à ce prix que V. E. et ses subordonnés ont consenti à courber la tête et à travailler comme des écoliers sous ma dictée et d'après mes instructions.

Et à présent que nous en sommes au *Gloria*, aux récompenses et aux décorations, voici que V. E. hâte le pas, s'avance avec aplomb et s'incline aux pieds du trône pour se faire passer au cou le grand cordon.

Tel est le monde!

Rien que des farces et des farceurs!

J'ai la ferme conviction, M. le Ministre, que, si S. M. l'Empereur venait à savoir à qui elle est vraiment redevable pour l'heureuse issue de son couronnement, le lendemain même le facteur viendrait frapper à la porte de l'hôpital de Salerne, pour me remettre les insignes de l'ordre chevaleresque, qu'on Vous a donné par méprise.

Cela, d'ailleurs, serait superflu : puisque je ne suis guère amateur en fait de ferblanteries, et je me soucie encore moins de courir l'Europe d'un bout à l'autre, chamarré comme Arlequin.

Agréez, M. le Ministre, l'assurance, etc.

OSMAN-BEY, major.

Salerne, le 10 juin 1883.

RÉVÉLATIONS

SUR

L'ASSASSINAT D'ALEXANDRE II

CHAPITRE PREMIER

Les nihilistes. Causes du mouvement. L'émancipation des serfs.

Ceux qui s'imaginent que le nihilisme est une association, une secte, avec des principes arrêtés, des lois, des règlements, etc., ceux-là se trompent grandement.

Les nihilistes, au contraire, se font un point d'honneur de s'en tenir strictement à leur devise, *au nihil*, puisque parmi eux il n'y a que du gâchis.

Donc point de principe, pour commencer : à moins qu'on ne veuille considérer comme principe le parti pris de tout nier, de tout railler, la création aussi bien que l'expérience et la sagesse des temps.

La vie, l'existence n'est pour le nihiliste qu'une ironie du sort. Ce scepticisme qu'il affecte n'est, après tout, que de la pure hypocrisie, cachée derrière un air de bravade : car si le nihiliste tenait si peu à la vie, il lui serait bien facile de s'en débarrasser.

Au lieu de se brûler la cervelle, MM. les nihilistes, en gens bien avisés, préfèrent la faire sauter aux autres. Aussi le critère, le principe (si on peut l'appeler ainsi) du nihilisme se réduit à ceci : « Ote-toi de là que je m'y mette. »

Un jour, le général Ignatief, ministre de l'Intérieur, se fit amener plusieurs de ces nihilistes détenus et se mit à les questionner ainsi :

« Ceci est mauvais ; cela aussi est mauvais ; tout ne vaut rien selon vous : que voudriez-vous donc mettre à la place de tout ce qui existe ? »

Les prisonniers restèrent muets : quelques-uns parmi ces abrutis haussèrent pourtant les épaules, en signe de sublime indifférence.

Là où il n'y a point de principe, il ne peut y avoir ni système ni organisation.

En effet, la masse des nihilistes n'est qu'un ramassis de gens désœuvrés, des fainéants, qui passent leur temps en jasant et tripotant tantôt dans un endroit, tantôt dans un autre, ayant la bile au cœur et le dégoût de la vie.

C'est une vraie bohême, hantée par la faim, traquée par la police, que le désespoir lance dans les équipées les plus téméraires.

Tel est le Russe : instrument aveugle de n'importe quelle idée, il est prêt à se lancer sur la mitraille; ou bien, le cœur léger, il fait jouer le revolver et la dynamite.

« Mais, nous objectera-t-on, ce que vous avancez se heurte ici contre l'évidence des faits! Est-il possible que les nihilistes aient pu soutenir un mouvement avec tant d'acharnement, avec tant d'obstination, et cela sans aucun principe, ni système? »

A cette objection, nous répliquerons en répétant ce que nous avons dit, c'est-à-dire que les révolutionnaires russes qu'on a baptisés du nom de nihilistes ne sont ni plus, ni moins que des instruments aveugles, des mannequins à la disposition de ceux qui leur ont donné tout : armes, argent, mot d'ordre, organisation, jusqu'au nom de nihilistes, qui sent la haute nouveauté des vendeurs de bric-à-brac.

La question de savoir ce que sont les nihilistes n'est, après tout, qu'un détail : l'essentiel est de mettre à jour les causes qui ont produit cette perturbation de l'ordre social et politique dans l'empire des Czars. Ce n'est que par une étude approfondie et impartiale de ces causes que le lecteur saura apprécier au juste les faits qui ont marqué le mouvement nihiliste.

Ce mouvement est dû à des causes à la fois internes et externes ; parmi celles de la première catégorie, nous devons avant tout citer le mécontentement produit par l'émancipation des serfs.

L'empereur Alexandre II, en émancipant les serfs, inaugura lui-même une révolution économique et sociale, laquelle devait nécessairement aboutir à une révolution politique.

Il serait difficile de se faire une juste idée des conséquences de l'émancipation des serfs, sans connaître ce que c'était que le servage en Russie depuis l'antiquité la plus reculée.

Le serf russe, *christianin,* était attaché à la glèbe, faisant ainsi partie inamovible de la propriété qu'il enrichissait par la sueur de son front. Cette coutume était nécessitée par le manque de bras, c'est-à-dire par la difficulté de se procurer la main d'œuvre dans un pays peu peuplé et où les propriétés se comptent par milliers et milliers de *diecetines*.

En effet, quelle valeur aurait eue une propriété de cent mille diecetines, si son seigneur n'eût pu compter que sur une cinquantaine de paysans? Dans ces conditions, l'exploiteur ou l'acheteur auraient été également embarrassés et n'auraient su que faire de toutes ces terres.

C'est pour cette raison, sans doute, que la loi défendait au seigneur de vendre ou d'aliéner ses serfs, soit en totalité, soit en partie.

Le serf, néanmoins, était maître absolu sur ses enfants et pouvait disposer des richesses, fruit de son travail, comme bon lui semblait. En d'autres termes, tout ce qui lui restait, après avoir acquitté les droits du servage, lui appartenait de plein droit.

Telle était la théorie du servage : dans la pratique pourtant, tout n'était pas couleur de rose.

Les seigneurs, après avoir dépensé leur dernier sou à Paris ou à Hombourg, s'en retournaient chez eux pour pressurer leurs serfs par toute sorte d'exactions. Pour payer ses dettes d'honneur, le seigneur russe était forcé parfois d'avoir recours au knout traditionnel, l'*ultima ratio* du droit seigneurial.

On cite aussi des abus d'un autre genre qui se sont souvent reproduits dans les derniers temps du servage. Entre seigneurs, par exemple, on se faisait des gracieusetés en se régalant mutuellement de quelque jolie fille ou garçon, et cela en les arrachant du sein de leurs familles. Ces actes inhumains constituaient tout bonnement des crimes et tombaient, par conséquent, sous le coup de la loi.

Des plaintes continuelles de cette nature finirent par émouvoir l'âme sensible et le cœur généreux d'Alexandre II, qui ne désirait autre chose que le bien de ses sujets, sans distinction de condition ou de caste.

Mu par de si nobles sentiments, le Czar résolut d'abolir le servage, au risque de se heurter contre des intérêts séculaires et d'attirer sur lui la haine d'une caste puissante, qui ne se résignerait certes pas à succomber sans lutter avec la rage du désespoir.

Cette lutte mortelle avec toutes ses conséquences fut bien prévue par quelques-uns des conseillers d'Alexandre II. Le comte Pierre Schouvaloff[1], son ami d'enfance, fit tout son possible pour détourner le Czar du projet généreux, mais téméraire qu'il poursuivait.

Le comte était, lui ausssi, partisan de cette réforme : malgré cela, il croyait de son devoir de s'opposer à l'adoption d'une mesure qui était tout au moins inopportune.

Avait-on pesé l'action qu'exerceraient les

[1] Plénipotentiaire de Russie au Congrès de Berlin.

pays limitrophes sur la société russe mise sens dessus-dessous à la suite de cette réforme économique et sociale? Ce sont des considérations de cette nature qui poussèrent le fidèle Schouvaloff à mettre des réserves à l'adoption d'une mesure qui devait inévitablement aboutir à une révolution, à une catastrophe.

C'est donc en dépit des remontrances de ses intimes qu'Alexandre II signa l'acte le plus solennel de son règne, celui qui décrétait l'abolition du servage. Se prévalant de son pouvoir d'autocrate, le Czar présenta l'ukase déjà signé et le remit à ses ministres, leur enjoignant sa prompte exécution.

C'est en 1861 qu'eut lieu l'émancipation des serfs : en 1881, c'est-à-dire vingt ans après, le Czar libérateur expia la peine qu'entraîne avec soi toute innovation, toute transformation violente de l'ordre établi.

Mais Alexandre II ne transigeait pas avec ses convictions, avec ses principes : esprit éminemment libéral, il considérait de son devoir d'inaugurer une nouvelle ère par cette réforme.

Une fatalité semble poursuivre les grands innovateurs, ceux qui entreprennent de grandes révolutions au milieu de l'élément social. L'histoire malheureusement n'est que trop riche en pareils exemples.

Lincoln, le libérateur des nègres en Amérique, n'est-il pas tombé victime sous le poignard de Booth? Le libérateur des serfs russes devait avoir une même fin, et cela en dépit des millions de baïonnettes qui semblaient le protéger!

Ce parallèle entre Lincoln et Alexandre II nous conduit à une considération rétrospective au sujet de l'influence qu'a exercée le différend américain sur la politique du Czar.

L'exemple de l'Amérique a été, en effet, la cause déterminante de l'émancipation des serfs en Russie.

Personne n'ignore jusqu'à quel point les Russes sont chatouilleux sous le rapport de leur réputation comme peuple éminemment chrétien, éminemment civilisé, etc., etc.

Or, la libération des nègres sur le continent américain menaçait d'isoler la Russie, qui restait ainsi le seul et unique pays esclavagiste de la chrétienté. En effet, quelle triste figure n'aurait-elle pas fait, après cela, non seulement vis-à-vis du monde chrétien, mais aussi par rapport à l'Orient musulman qu'elle tient à civiliser ! !

Aussi longtemps que les Russes pouvaient montrer les Américains du doigt, leur position était tenable. L'émancipation des nègres en Amérique devait nécessairement les obliger à capituler ou bien à se rendre ridicules.

Placés dans ce dilemme, les ministres d'Alexandre II se décidèrent à exécuter l'ukase de leur maître, sans se rendre compte que la situation de l'Amérique est tout autre que celle de la Russie, tant sous le rapport économique que sous celui des relations internationales.

Il n'a fallu qu'une dizaine d'années à la première pour surmonter la crise : à la Russie, il en faudra cinquante au moins.

CHAPITRE II

Conséquences. Les ruinés. Types. Les serfs émancipés.

Les conséquences de cette grande perturbation du système économique et social ne se sont pas fait attendre longtemps. Le premier résultat en a été la ruine d'une bonne moitié de la noblesse formée des anciens seigneurs.

Cette débâcle avait été en partie prévue par les promoteurs de l'émancipation; de là le soin qu'ils eurent d'atténuer le mal en accordant aux anciens propriétaires une compensation en espèces, à titre d'indemnité pour les terres concédées aux serfs.

Nous devons faire observer que ce remède était insuffisant pour parer au mal que l'on tenait à conjurer : d'abord parce que l'argent sert à peu de chose là où il y a manque de bras, et puis parce qu'il est difficile de trouver un Russe qui sache tenir pendant vingt-quatre heures de l'argent entre ses mains. C'est là un défaut de race, et il n'y a rien à dire.

La situation faite ainsi aux seigneurs est sans issue; car, d'un côté, leur manque d'aptitude aux travaux agricoles, de l'autre la difficulté de se procurer la main d'œuvre, les empêchent d'exploiter avec profit ce qui leur reste de leur patrimoine.

Pendant les premières années, les seigneurs ont tenu bon, grâces aux indemnités qu'ils touchaient. Cette ressource une fois épuisée, il leur a fallu aussitôt hypothéquer leurs terres; et l'hypothèque n'est, comme l'on sait, que le prélude de la banqueroute et de la ruine.

Pour compléter ce tableau, nous donnerons ici quelques esquisses prises sur les lieux, qui servent à illustrer cette situation déplorable.

Pendant mes pérégrinations à travers la Russie, j'ai eu, à maintes reprises, des rapports avec cette noblesse cruellement éprouvée par l'émancipation de ses serfs. Dans le gouvernement de Jekaterinoslav, par exemple, j'ai connu la famille de Gilkowsky; dans celui d'Oriel, j'étais chez les Vaïeikof; les Leontief, je les ai connus dans le gouvernement de Moscou.

Tous ces gens portaient visiblement le cachet de l'aristocrate russe, le caractère gai et léger, des manières polies, mais fort réservées, un empressement à faire étalage de leurs connaissances et de leurs moyens.

Mais c'est justement cet empressement mal dissimulé qui trahissait leur gêne. Chez Gilkowsky et Vaïeikof, deux jeunes gens élevés dans l'opulence, l'effort était si visible qu'il me touchait et me gênait.

Comme jadis, ils ne rêvaient qu'à des petits soupers à quatre, une partie animée au baccarra, une entrée triomphale au Grand Hôtel, etc., etc. Mais, hélas! tout cela n'était plus pour eux qu'un rêve du passé, un paradis perdu!

Et ils le savaient si bien, les malheureux, qu'un moment de réflexion suffisait pour leur faire froncer les sourcils et baisser de suite la tête. Le château de leurs ancêtres restait désert et morne; la famille grelottait autour d'une étuve mal chauffée, tandis que le vieux papa méditait sur les sottises de sa vie et l'inconstance de la fortune.

Actif et intelligent, le jeune Vaïeikof faisait de son mieux, afin d'arrêter le débâcle et sauver son patrimoine. Mais que pouvait-il faire sans connaissances spéciales, sans capitaux et avec des goûts de grand seigneur, qui paralysaient ses efforts et ceux de sa famille?

Quant à Gilkowsky, lui, c'était un homme d'une toute autre pâte : insouciant et paresseux, en vrai Roger-Bontemps, il regardait les flots de la misère qui montaient, sans broncher. Comme il lui restait encore quelque chose, il tâchait de se consoler en courant tantôt à Kharkof, tantôt dans ses terres.

Gilkowsky, c'est le type du nihiliste. Quand je l'ai vu il y a quatre ans, il n'était pas nihiliste, car il avait encore de quoi aller en avant. Mais comme depuis il a dû se trouver à sec, il y a tout à parier que Gilkowsky est devenu un nihiliste pur.

Quand la faim frappe à la porte, on devient n'importe quoi, même nihiliste : c'est ce qui arrive généralement en Russie.

Leontief, du gouvernement de Moscou, est un ruiné, comme les autres, mais d'un type différend. Quand, après l'abolition du servage, la misère vint frapper à sa porte, Leontief sauta par la fenêtre et couru à Pétersbourg pour y solliciter une place de consul en Orient.

Le pauvre homme s'imaginait que quelques années de consulat lui suffiraient pour délivrer ses propriétés de l'hypothèque. Mais il s'aperçut bien vite de son erreur; car il trouva une tout aussi grande misère en Turquie, où ses prédécesseurs ont déjà fait table rase.

Il ne restait sur cela au consul d'autre parti que de s'en retourner dans ses pénates. C'est ce qu'il fit : mais en arrivant chez lui, le malheureux trouva portes et fenêtres barricadées par les soins des araignées et des orties.

Leontief réussit quand même à se frayer un passage, le balai et la pelle à la main, et reprit de vive force possession de sa demeure.

Mais la vue du pot-au-feu, qui restait encore inactif, lui agaçait les nerfs et l'irritait.

Pour remettre un pot-au-feu en activité, il faut, comme de raison, du comptant, du métallique. C'est justement cela qui manquait au pauvre Leontief : force lui fut donc d'aller s'accrocher à la perruque du vieux Katkoff et de l'importuner jusqu'à ce qu'il eût publié quelques-unes de ses productions littéraires.

C'étaient des élucubrations remises à neuf sur la question orientale et la mission de l'orthodoxie.

Katkoff accepte ; et le pot-au-feu de Leontief se remet à bouillir comme par enchantement.

La bonne moitié de la noblesse russe se trouve réduite aujourd'hui à cet état déplorable ; contrainte de vivre au jour le jour, ainsi que nous avons vu faire les Leontief, les Gilkowsky, etc.

Il est vrai que la faute est en grande partie aux seigneurs eux-mêmes : mais personne ne saurait absoudre complètement les gouvernants, qui devaient prévoir les suites de leur réforme.

Que Dieu nous sauve des théoriciens en fait de politique !

Avec les meilleures intentions ils hâtent des catastrophes.

Après avoir parlé des seigneurs, passons aux serfs émancipés.

On croit généralement que l'émancipation a profité aux paysans, qui se sont vu ainsi transformés en propriétaires.

Les choses ne se sont point passées ainsi ; les faits sont là pour prouver que l'émancipation n'a pas amélioré la position du paysan russe. Sous un rapport, elle l'a même empirée, puisque le paysan travaille moins aujourd'hui qu'il est libre, que quand il était serf.

Cela se conçoit : car sous la pression de son seigneur le serf travaillait et, par conséquent, produisait plus qu'il ne le fait à présent.

Il est bon de faire remarquer à ce sujet que les paysans russes sont imbus de ce fatalisme oriental qui engendre la paresse : ils ne travaillent que pour se procurer les moyens de subsistance et quelque petite chose en plus. Cela une fois assuré, les paysans se donnent aux joies du foyer et au *dolce far niente*, aimé des Russes non moins que des Italiens.

Le paysan russe est bon enfant : il n'est nullement rongé par la convoitise d'entasser richesse sur richesse, à l'instar des occidentaux. Il se contente de peu et il vit heureux en chérissant ses enfants, louant le Czar et trinquant à sa santé des gorgées de *votki*.

Cet être heureux ne connaît pas le premier mot de la politique : il n'éprouve de l'intérêt que pour les affaires de clocher. Or, comme le gouvernement lui accorde sous ce rapport une pleine liberté, le paysan ne veut entendre parler d'autre chose. Les hautes sphères de la politique, ce sont des régions nébuleuses tout à fait inconnues aux paysans russes.

C'est justement cette apathie égoïste du paysan qui fait le désespoir des nihilistes et de tous les agitateurs politiques. Ils ont beau aller frapper aux cabanes, entamer des conversations et distribuer des feuilles volantes.

Quand on dit au paysan : « Demande la

liberté (volia), demande des terres (zemlia) », celui-ci répond : « De la liberté, j'en ai; car je fais chez moi ce que je veux ; des terres, je n'en veux pas, merci ; je n'ai guère envie de travailler des journées en plus. »

A ces mots, le nihiliste, l'ami du paysan, n'a qu'à déguerpir, ramassant ses bouquins et serrant la queue entre les jambes. Et il doit se dépêcher, autrement, il courrait risque d'être bien rossé.

Disons ici que cette classe de paysans propriétaires, qui s'est constituée grâce à l'émancipation, forme aujourd'hui une masse conservatrice imposante sur laquelle s'appuie en toute sûreté le pouvoir des Czars. C'est contre ce rocher que se brisent en vain les flots de la révolution.

Cet avantage politique, énorme en lui-même, contrebalance les dégâts produits par la révolution économique et sociale.

Il nous reste à dire quelques mots d'une autre conséquence économique produite par l'émancipation.

Ce remue-ménage entre seigneurs et serfs

a favorisé à souhait la finance, qui s'est fourrée au milieu, profitant ainsi de la ruine des uns, de la faiblesse et de la bonne foi des autres.

Le gouvernement a patronisé cette œuvre de spoliation en permettant l'établissement de banques, soi-disantes agricoles et en tolérant les cabarets dans les villages.

Comme de raison les banques ont poussé les seigneurs dans l'abîme, de même que les cabarets aident à plumer les nouveaux émancipés.

Ça a été une vraie aubaine pour les Juifs!

Que l'on remarque que se sont eux qui se font à présent acheteurs de la plus grande part des terres mises en adjudication.

Ce transfert des propriétés des mains des anciens maîtres en celle de financiers aussi inexpérimentés qu'avides est en pure perte pour la production.

Il est à noter en concluant que cette perturbation du système économique et agraire a fait perdre à la Russie le monopole sur le marché des céréales.

La transition de l'état des serfs à celui de cultivateurs libres a laissé les paysans russes sans organisation, ni direction. Les cultivateurs américains, par contre, travaillent avec méthode, en bataillons serrés, et sont soutenus par de forts capitaux.

La lutte est inégale, comme on voit.

Le blé de Russie donc ne peut être ni si bon marché ni en aussi grande quantité que celui qui nous vient du Far-West.

CHAPITRE III

Révolution politique. Nihilistes en uniforme ; Nihilistes sans uniforme. Les Juifs. La presse corruptrice.

Je ne me suis guère donné la peine de fouiller dans la statistique pour m'assurer du chiffre exact auquel s'élèvent les Russes plus ou moins nobles. Je crois pourtant être près de la vérité en fixant le nombre des nobles ruinés à deux ou trois cents mille.

Un nombre si considérable de ventres qui souffrent et de bouches qui crient, constitue une source redoutable de mécontentement ; c'est un volcan en pleine agitation.

Cette noblesse aux abois constitue la première couche révolutionnaire qui gît au fond du mouvement nihiliste. Après viennent d'autres couches superposées que nous nommerons ici par ordre l'une après l'autre :

1° Les ruinés; 2° les lâchés; 3° les ambitieux; 4° enfin les enfants d'Israël résidant en Russie.

Ayant déjà parlé des ruinés, occupons-nous des autres catégories à tour de rôle, en commençant par les lâchés.

Sous cette rubrique se trouvent compris tous les désœuvrés que l'administration a lâché; c'est-à-dire les employés ou candidats congédiés; les fruits secs des universités, les étudiants expulsés, etc., etc.

Il faut faire observer ici qu'en Russie la finance, le commerce et l'industrie ont été accaparés par les étrangers et les Juifs. L'armée, l'Eglise, le barreau et la médecine restent seules ouvertes à la jeunesse russe de bonne famille.

Cela dit, l'on comprendra aisément quel doit être l'encombrement autour des places et des emplois. Ceux qui en sont rejetés se voient littéralement cernés par un cercle de fer; puisqu'ils trouvent toutes les sources de gain inabordables pour eux.

Les Russes, pas plus que les Turcs, ne

veulent comprendre que des soldats et des employés seuls ne suffisent pas pour assurer la grandeur et la prospérité d'un empire.

Bafouée dans ses efforts, la jeunesse russe supporte quelque temps la misère en silence : mais aiguillonnée par la faim, poussée à bout par le désespoir, elle finit nécessairement par donner tête baissée dans la conspiration et la révolte.

La troisième catégorie, c'est la plus dangereuse, car elle embrasse toutes les hiérarchies, sans en excepter la cour.

Le lecteur restera sans doute abasourdi en m'entendant avancer une assertion tellement risquée, même blessante pour la société russe toute entière. Mais je n'y puis rien : toute ma vie je n'ai fait que dire la vérité, et je dois continuer à la dire, que cela plaise ou non aux grands de la terre.

Napoléon disait que chaque soldat porte le bâton de maréchal dans sa giberne.

En parlant de la Russie officielle, l'on doit dire que chaque tchinovnik, employé ou officier, porte de la dynamite dans sa boîte à cigarettes : en d'autres mots que chacun d'eux est prêt à devenir nihiliste à la première occasion.

Pour tout fonctionnaire russe la fidélité à l'Empereur et sa place ne font qu'une seule et même chose : il n'a qu'à perdre celle-ci et la fidélité s'en va également.

A quoi bon faire des dissertations pour prouver une chose que malheureusement les faits ne font que mettre en évidence à toute occasion. Laissons donc parler les faits, ça vaut beaucoup mieux.

Le feld-maréchal prince Baryatinsky perd de son influence à la cour : aussitôt il se retire dans ses terres et de là il donne la main aux nihilistes.

Le fameux général Tchernaïef en fait autant et finit par s'en aller en Serbie à la tête des bandes nihilistes. A présent qu'il a attrappé ce qu'il voulait, le gouvernement du Turkestan, Tchernaïef a coupé court avec ces camarades compromettants.

Baranof, lui, qui a donné pendant quelque temps la chasse aux nihilistes, à présent doit sympathiser tant soit peu avec eux, puisque son exil à Archangel ne lui sourit guère.

Un espion de la police de Pétersbourg, du nom de Lorenti, à peine se vit-il lâché, qu'il alla se jeter dans les bras des nihilistes.

On n'en finirait plus avec des exemples de cette nature, qui servent à constater l'immoralité, le manque absolu de principes et le cynisme révoltant qui caractérisent le monde officiel de la Russie. Le type nihiliste est ostensiblement porté par tous. C'est-à-dire : l'inpiété, le manque de scrupules ; l'ironie et le sarcasme sur les lèvres ; l'outrecuidance poussée jusqu'à l'effronterie. Pour de pareils gens, un honnête homme, un homme de cœur et zélé, est une bête, un imbécile qu'on doit employer et tromper ensuite. Tromper et voler quelqu'un, c'est pour eux un haut fait, un de ces exploits que l'on se raconte ensuite entre compères, en riant aux dépens du dupé.

Tel est en général le type des nobles et des fonctionnaires.

Heureusement pour la Russie que l'on rencontre parfois de nobles exceptions, telles que les deux Schouvalof, le bon, l'excellent comte Kotzebue, Novikof, le doux et habile Labanof : mais ces quelques bons, comme l'on voit, peuvent être comptés sur les doigts. Aussi sont-ils impuissants à tenir tête à l'immoralité qui règne dans la haute société et parmi la classe éclairée.

La princesse W*** me disait un jour : « Mon cher, nous avons deux sortes de nihilistes ; ceux en uniforme et ceux sans uniforme. »

Et elle avait raison ; car après tout, les uns valent bien les autres ; et si les nihilistes chamarrés et en uniforme sont plus modérés, la raison en est qu'ils ont quelque chose à perdre : qu'on leur enlève ce qu'ils ont, et on les verra de suite tirer la dynamite de leur boîte à cigarettes.

Tant qu'on a quelque chose à perdre, on a des ménagements, on fait de l'agitation en cachette : quand on a tout perdu, on jette son bonnet par-dessus les moulins, on se déclare nihiliste.

Mais on nous dira que cela arrive en tout

temps, dans tous les pays et parmi les révolutionnaires de n'importe quelle catégorie. Cela est vrai, mais en Russie les choses se font sans ménagements et elles ont un caractère de violence et de férocité sans égal.

En récapitulant ce qui a été dit au sujet des éléments de désordres, il saute aux yeux qu'ils ne consistent qu'en deux groupes, qui, acharnés, se tirent par les cheveux et se crèvent les yeux : c'est-à-dire le groupe des hommes au pouvoir et celui des gens qui tâchent d'y arriver.

Tous ensemble, ces tapageurs forment la haute société, la classe éclairée.

A ces deux millions de perturbateurs de l'ordre, d'aspirants à la fainéantise et aux honneurs, il faut ajouter quatre millions de parasites israélites qui, le ventre et la poche pleins, aspirent aussi à des honneurs, à devenir quelque chose.

Comme on sait, en Russie les Juifs sont frappés d'ostracisme, tandis que les Musulmans, les idolâtres et tous les autres sectaires sont traités sur un pied d'égalité avec les Russes proprement dits.

Cet ostracisme est parfaitement bien mérité par les fils d'Abraham, et les Russes n'ont nullement l'envie de l'abolir. De tout temps les Juifs n'ont-ils pas été renommés comme étant des gens turbulents, des conspirateurs, des perturbateurs de l'ordre?

Teterrima gens, les appelait Tacite.

Les Russes donc ont adopté à leur égard des lois exceptionnelles de protection, qu'ils n'entendent nullement révoquer. Ils pensent, au contraire, que les Juifs devraient être reconnaissants de ce qu'on les tolère dans le pays et qu'on les laisse s'engraisser aux dépens de ses habitants.

Et comment s'engraissent-ils! Citons quelques noms et quelques chiffres, et l'on en restera édifié.

Paliakoff a une fortune évaluée à trois cents millions de francs, qu'il a gagnée avec l'eau-de-vie et des entreprises de chemins de fer.

Le baron Schtieglitz en a à peu près autant.

Günzburg plane aussi dans les centaines de millions, gagnés Dieu sait comment.

Bloch, Varshawsky, Ephrusi, Brodsky, Raphalovich, sont des millionnaires au petit pied, qui font bonne chère en piquant par ci par là la carcasse de la Russie.

Il est naturel qu'avec tous ces millions dans la poche, les Juifs essaient à présent de s'émanciper de toute restriction et qu'ils jouent gros jeu; tout ou rien. Aussi donnent-ils tête baissée dans la révolution, qu'ils soutiennent de toutes leurs forces, forces qu'on sait être écrasantes.

Ainsi le mouvement révolutionnaire en Russie a un caractère partiel et se limite exclusivement à la classe éclairée mais besogneuse, et aux Juifs qui l'excitent, l'encouragent et la soutiennent.

La grande masse, les quatre-vingts millions, composée de Russes, Georgiens, Arméniens, Tartars, Polonais, Turcs, Kirghiz, etc., subdivisée en agriculteurs, soldats, marins, artisans, négociants, boutiquiers, etc., etc., n'a rien à voir dans cette fameuse blague que la presse à l'étranger n'a fait que grossir par ses télégrammes, ses articles et ses romans à sensation.

Cette presse, par une étrange coïncidence, a toujours eu soin d'emboîter le pas avec des organes soi-disant russes, qui agissent pourtant sous le souffle des agitateurs judaïco-cosmopolites. Nous voulons parler des deux revues, connues sous les noms de « *Messager d'Europe* » et « *Diélo* », et du journal le *Golos*.

De petites esquisses biographiques suffiront pour faire tomber le masque que portent ces organes de la démoralisation et de l'esprit de révolte.

Commençons par le *Messager*, qui depuis une dizaine d'années a fait de son mieux pour empester la société russe. Ce périodique a été fondé par le Juif Outine, un banqueroutier, qui légua à sa fille une grosse dot, à condition d'établir une Revue propre à répandre en Russie la putréfaction qui émane de l'école moderne.

Quel intérêt ce bon vieux juif portait à ses concitoyens! De son vivant il leur avait sucé le sang; en mourant il tient à les empoisonner à tout prix!

Un pauvre maître d'école, du nom de Stassoulevich, ayant pris connaissance du legs fait par Outine, se présente comme candidat tant pour la main de l'héritière juive, que pour la rédaction de la nouvelle Revue.

Le *Messager européen*, ainsi nommé, est une publication d'un goût exquis; car c'est elle qui a débité, à titre de primeurs, toutes les immondices d'Emile Zola et de son école.

Stassoulevich a acheté à poids d'or *Nana*, l'*Assommoir*, etc., uniquement afin de se conformer à la volonté de son beau-père, le Juif, qui voulait hâter la décomposition de la société russe, en propageant le matérialisme.

C'était un moyen sûr de hâter la révolution tant désirée par Israël tout entier.

Le *Dielo* est un autre engin du même acabit, publié par un Russe du nom de Blagozvetof, un méchant petit écrivain et encore plus méchant homme. Ce recueil n'a fait que répandre à pleines mains et bon marché toutes les impiétés et les obscénités que son rédacteur importait de Bruxelles, de Zurich ou de Paris. Le *Dielo* s'était réservé d'infecter tout spécialement les couches inférieures de la société, coopérant ainsi pour sa part à l'œuvre entreprise par le *Messager*.

Blagozvetof a été, comme de raison, constamment traqué par la censure et la police: mais cela ne l'a pas empêché d'accomplir son œuvre néfaste, ni de devenir un richard.

Le *Golos* est le journal quotidien qui travaille depuis vingt ans, afin d'assurer le triomphe de la révolution cosmopolite en Russie. Son fondateur et rédacteur est un certain Krajewski, fils de père inconnu et de la juive Krajewska, une aventurière, qui eut son jour de vogue à Pétersbourg.

En débutant dans la vie, le jeune Juif ouvrit une pension, où il recevait des élèves.

Ce pensionnat ne vécut que quelques années, car à peine Krajewsky eut-il un petit capital disponible, qu'aussitôt on le vit se transformer en rédacteur de journal.

Le *Golos* ou la *Voix* ressemble tout à fait à

ces bégueules qui fréquentent les églises, qui ont une mise et des allures irréprochables, mais qui pourtant sont prêtes à jeter le masque dès que l'occasion se présente.

En lisant les rédacteurs du *Golos*, on croit voir ressusciter Saint-Augustin, Saint-Ambroise, ou qui sais-je? puisque de leur plume ne coule que la morale la plus pure, la philosophie la plus élevée, chauffées par un patriotisme à toute épreuve.

Mais le pied fourchu de ce diable déguisé se fait voir là où il s'agit du gouvernement. En effet, selon le *Golos*, tout ce que celui-ci fait est mal fait : c'est sur lui qu'il rejette toute responsabilité, au point que la sécheresse même est de sa faute, aussi bien que le froid glacial qui règne en Russie.

D'abord, naturellement, ce journal se borne à des insinuations, pour les changer ensuite en dénonciations et en accusations.

Ceux qui savent lire entre les lignes verront constamment dans le *Golos* cette menace : « Moi, je le soufflette, vous, lecteurs, bousculez-le, ce gouvernement inepte, insupportable[1].

C'est un système d'attaques continuelles, qui devait à la longue discréditer et affaiblir l'autorité. Ce genre de chicanes n'a pas manqué de produire son effet.

Le *Golos* a ainsi considérablement contribué à exciter les esprits, et à les pousser dans la révolte, et Krajewsky a bien mérité de ses compères de la révolution cosmopolite.

[1] Depuis que ces lignes ont paru dans la *Gazetta d'Italia*, le comte Tolstoï a supprimé définitivement le *Golos* et la Revue *(Atechesviené Zapiski)* les deux organes du juif Krajewsky.

Le gouvernement impérial agit-il d'après nos instructions, oui ou non?

CHAPITRE IV

Causes externes du mouvement.

Après avoir minutieusement expliqué ce qui se passe depuis une vingtaine d'années au sein de la société russe, il nous reste à tourner nos yeux au-dehors, afin de découvrir l'endroit d'où souffle le vent qui a attisé le feu et provoqué l'incendie.

Il faut tout d'abord faire observer que les causes internes du mouvement nihiliste ne jouent ici qu'un rôle secondaire, tandis que les causes externes ont eu une influence prépondérante et décisive. Aussi, il est certain que, sans le souffle du dehors, le mouvement aurait été facilement localisé et n'aurait guère dépassé les proportions d'une agitation ordinaire.

Donc, c'est à tort qu'on a envisagé jusqu'ici le mouvement nihiliste comme étant une lutte entre le pouvoir d'un autocrate et ses sujets révoltés. Cette lutte, par contre, n'est autre chose qu'un duel au dernier sang entre la révolution cosmopolite et l'autocratie des Czars, qui seule aujourd'hui reste debout au milieu des débris des trônes et des autels.

Cette lutte est une lutte entre deux géants, l'un visible, l'autre invisible et insaisissable.

Si un Michel-Ange ou un Horace Vernet devait représenter sur la toile les deux géants aux prises, il devrait peindre le colosse du Nord, couvert de fer et d'acier, qui se débat, qui chancelle sous l'étreinte de son antagoniste.

Celui-ci, invisible, comme nous disons, n'est autre qu'un fantôme, un revenant, dont la silhouette paraît et disparaît comme l'éclair : ses doigts pourtant serrent la gorge du colosse, l'étouffent et lui font pousser des gémissements sourds mais terribles.

Cette allégorie peut seule donner une idée de la lutte à outrance engagée entre les Empereurs de toutes les Russies et l'Alliance israélite universelle, puissance invisible et insaisissable, qui enserre les deux hémisphères au moyen d'un filet imperceptible, impénétrable, entrelacé d'or et d'acier. C'est d'elle qu'on pourrait bien dire :

« Au milieu des ténèbres elle s'avance, le poignard d'une main, la dynamite de l'autre. »

Pour la plupart de nos lecteurs, l'existence d'une pareille puissance occulte mais formidable, n'est rien moins qu'une révélation, à laquelle ils auront de la peine à croire.

« Comment se fait-il, exclameront-ils sans doute, que nous, qui sommes au courant de tout ce qui se passe de nos jours et qui connaissons assez l'histoire, comment se fait-il que nous n'ayons jamais entendu parler de cette Alliance israélite et de ses faits et gestes ? Ne s'agirait-il pas après tout de quelque chose du domaine de la fantaisie, qu'un esprit exalté croit voir en chair et en os, et à qui il attribue naïvement une existence qu'elle n'a jamais eue ? »

Que nos lecteurs se rassurent ; une longue habitude de la politique et de ses luttes nous a rendu tellement pratique, tellement sceptique, qu'il n'y a guère de danger que nous tombions dans des rêveries fantaisistes, dans des fatasmagories. L'existence de l'Alliance israélite universelle comme corps politique, comme puissance, est trop vraie, trop réelle, pour qu'elle puisse être mise en doute, pour qu'elle puisse être méconnue.

Il est vrai que les publications de l'époque ne font mention de cette Alliance, qu'en la caractérisant comme une société philanthropique de secours mutuel entre Israélites. Quant aux historiens, eux ne lui ont pas même accordé une mention honorable, ne fût-ce qu'à titre de curiosité.

C'est à nous qu'incombe le devoir de combler une pareille lacune dans l'histoire du dix-neuvième siècle. C'est nous qui le premier déchirons résolument ce voile mystérieux, afin de mettre au jour la société secrète la plus terrible, l'hydre qui depuis un siècle secoue le sol sous nos pieds, engloutissant dans le gouffre des révolutions un nombre infini de victimes !

L'Alliance israélite universelle n'est point une nouveauté, ainsi que le prétend son pseudofondateur, Adolphe Crémieux. Cette Alliance est vieille comme le monde, elle existe depuis qu'existe le peuple hébreu : car de tout temps les Juifs ont été exclusifs et solidaires entre eux ; de tout temps ils ont été coalisés pour lutter contre les autres races.

Adolphe Crémieux n'a donc fait que déchirer le voile qui dérobait aux regards la statue, le Sphynx judaïque. L'apparition de cette hideuse bête devait nécessairement faire frissonner les masses : de là, la précaution qu'on eut d'en cacher les cornes sous des lauriers hypocrites ; ceux de la philanthropie, de la bienfaisance.

Depuis quand cette société occulte a-t-elle donné des preuves de son existence, de sa puissance subversive ?

Afin de répondre d'une manière sûre et concluante à cette question, il faudrait faire une étude minutieuse des annales du Moyen Age; il faudrait avant tout fouiller dans les égoûts des Ghettos, en remuer les immondices, et, même à ce prix, on ne saurait constater la part qui revient aux Juifs dans les troubles de cette époque.

Ce n'est qu'à la fin du siècle dernier que le volcan judaïque donna des signes manifestes de sa puissance, soulevant le sol de la vieille Europe et entassant ruines sur ruines. Et cela d'une main sûre et invisible: car personne jusqu'à aujourd'hui ne s'est jamais douté de l'existence de cette Alliance, moteur réel du cataclysme de 1789.

C'est en vain que l'on feuilletterait l'histoire de Lamartine, celle de Michelet et enfin les trente et tant de volumes écrits par Adolphe Thiers sur la Révolution française; nulle part on ne verra citer les Juifs et leur Alliance, aucune mention n'est faite du rôle qu'ils y ont joué.

Comment expliquer cette omission, cet

aveuglement de la part d'écrivains d'un tel mérite?

Quant aux deux premiers, leur ignorance s'explique facilement; car, en leur qualité de profanes, de *goi*, il leur était impossible de pénétrer les mystères de la cabale judaïque. D'ailleurs ces écrivains se sont laissé éblouir par les effets et ont méconnu les causes. Cela est excusable pour un poète tel que Lamartine; mais ce n'est nullement pardonnable quand il s'agit de Michelet, qui se pique de philosophie abstraite.

Thiers, lui, est le plus coupable de tous; puisqu'en Juif qu'il était [1] il devait être parfaitement initié aux secrets de la *Camorra* à laquelle il appartenait et dont il a été le chef visible, la personnification.

Mais c'est justement pour cela que M.

[1] Un amour-propre mal compris empêche les Français de dire tout haut que Thiers était Juif. Pourtant, au moral comme au physique, Adolphe Thiers a tous les traits caractéristiques du Sémite, aucun du Gaulois.

Traitre a Charles X, traître à Louis-Philippe, traître même a la légende napoléonienne, Thiers n'était pas Français : il ne pouvait être que Juif.

Thiers a dû soigneusement tenir dans l'arrière-plan les Juifs et leur alliance, tandis qu'il fait un grand tapage avec les Girondins, les Jacobins et les Sans-culottes.

Parler des Juifs aurait été trahir son secret, le secret duquel dépendait son triomphe final, sa présidence, bref son apothéose. Thiers a dû donc se taire : cela se conçoit.

CHAPITRE V

Preuves à l'appui.

Nous sommes prêts à admettre que ni le silence, ni la malice d'un ou de plusieurs historiens ne sauraient servir de preuves pour constater un fait quelconque; et beaucoup moins pour faire accepter de la postérité un point de vue tout à fait nouveau, qui se heurte contre toutes les traditions jusqu'ici reçues comme vraies.

En dépit de cela, nous persistons à soutenir notre version, laquelle s'appuie sur les preuves que voici :

Première preuve. C'est un fait connu de

tous que William Pitt, le grand homme d'Etat anglais, attisait à Paris le feu de la révolution moyennant de nombreux mouchards et agitateurs, dont la plupart étaient des Juifs.

Pitt n'aurait pu trouver de meilleurs agents de sa politique, car entre Juifs-anglais et Juifs-français on s'entendait à souhait et d'un commun accord on soufflait sur le brasier.

Il est bon de remarquer que tant l'Angleterre que ses agents secrets emboîtaient le pas à merveille, tout en poussant en avant chacun pour son propre compte.

Ainsi, Pitt travaillait dans le but d'affaiblir la France, la seule puissance qui lui barrait le chemin vers la conquête définitive de la Méditerranée. Ses alliés Juifs, de leur côté, visaient à se débarrasser du trône de saint Louis et de l'Eglise catholique qui les tenaient à distance et les empêchaient de faire main basse sur les droits et sur l'avoir du peuple français.

Deuxième preuve. Une autre preuve écrasante à l'appui de ce que nous annonçons au sujet de l'action de l'Alliance israélite universelle, c'est le fait que la devise, le *motto*, adopté par la révolution de 1789, est identique avec le programme de l'alliance : c'est même la profession de foi du judaïsme moderne, dans toute sa force.

En effet, c'est aux noms de liberté, égalité, fraternité, que les insurgés attaquèrent la Bastille; et c'est aux mêmes cris que les Juifs de l'alliance attaquent les peuples dont les lois, les mœurs et coutumes les arrêtent court dans leur marche agressive.

La *liberté* que les Juifs invoquent, c'est la liberté pour eux d'intriguer et tricher à leur gré, sautant par-dessus les lois protectrices, les privilèges, etc.; et flanquant ainsi de côté passeports et douaniers.

L'*égalité*, selon eux, n'est qu'un gradin de gagné pour atteindre vite le sommet : égalité aujourd'hui veut dire supériorité demain. Cela est inévitable; car dans le mouvement ascendant ou descendant il ne peut y avoir de moment d'arrêt.

« Fais-moi ton égal, dit le Juif, et je serai bientôt ton supérieur. »

Leur calcul de 1789 était tellement juste, qu'aujourd'hui les Juifs sont partout en haut, et les maîtres corbeaux qui les ont écoutés sont en bas!

Fraternité! ce mot équivaut ici au baiser que Judas donna à sa victime la veille du martyre. Trompé par les mots séduisants de *liberté* et d'*égalité* le peuple accourt : les Juifs le reçoivent en criant : vive la *fraternité;* et aussitôt l'accrochent.

Que l'on remarque que tous les écrivains imbus des maximes judaïques, proclament à haute voix que la mission de leur race est celle d'établir la fraternité des peuples.

Selon toute vraisemblance, cette fraternité est sur le point de se réaliser : car tous les peuples trompés, sucés et ruinés par les Juifs, finiront par se donner la main, fraternisant ainsi dans une commune misère.

Quant à Israël, en sa qualité de peuple élu, il restera, comme de raison, en dehors de cette fraternité inaugurée et consolidée sous son égide.

La fin du monde ne sera pas loin alors, il faut espérer.

Troisième preuve. Quand un voleur est accusé de s'être approprié un objet quelconque, quel est le moyen le plus rationnel, le plus court, de valider l'accusation ? Il n'y en a qu'un : celui d'attaquer le délinquant avec la montre ou l'argent qu'il a volés à la main.

Alors tout est dit : il n'y a plus de doute à cet égard.

L'Alliance et ses Juifs ont-ils entre leurs mains le pouvoir, oui ou non ? Ce pouvoir, contesté par tant de révolutions, est-il tombé en leur possession, oui ou non ? Dominent-ils aujourd'hui en maîtres absolus sur la France, oui ou non ? Oui ; car depuis 89 l'Alliance a lancé sur ce malheureux pays un tas de Rabagas qui le malmènent à leur gré. Tels sont :

Premier empire et restauration :

Sénateurs Grégoire, Soult, Rapp, Odilon-Barot, Laffite, Rothschid, etc., etc.

Deuxième empire et république.

Thiers, Crémieux, Hérold, Pereire, Mirès, J. Simon, Fould, Wolf, Lambert, John Lemoine, Renan, Legouvé, Sarcey, About, Neftzer, Dreyfuss, Molinari, Charmes, Millaud, Michel Lévy, Meilhac, Halevy, Reinach, Erlanger, Bischofsheim, Wurst, Victor Noir, Duval, Caen d'Anvers, baron Hirsch, Camondo, Mgr. Boher, Boher, général Douai, Léon Say, général Lewy, Soubeyran, Meyer, Bapst, Lippmann, Naquet, etc., etc.

Tous des Juifs qui ont fait et qui font la pluie et le beau temps à Paris, ce qui veut dire dans toute la France.

Tandis que les loups pénétraient ainsi dans la bergerie, les bergers et les chiens ont dû prendre la fuite. Les descendants des rois de France courent actuellement de pays en pays, sans trouver un coin de terre où reposer leur tête : les congrégations sont dispersées, les religieux sont expulsés, tandis que le rabbin, lui, vit à son aise sous le toit de l'orgueilleuse synagogue de la rue de la Victoire.

Si l'Alliance israélite universelle récolte aujourd'hui ce qu'elle a semé, qui pourra nier le rôle infâme qu'elle a joué dans cette révolution qui a bouleversé la France et l'Europe entière ?

C'est pour faire triompher les soi-disants *droits de l'homme* que la France a déchaîné sur l'Europe les masses judaïques [1]. La première elle expie aujourd'hui sa faute. Qu'elle gémisse donc sous le joug détesté des Sémites.

[1] Décret de Napoléon, 1807.

CHAPITRE VI

1848.

Cachée derrière le voile du mystère, l'Alliance israélite a pu donc à son aise employer toutes ses forces dans le but de renverser l'ordre établi; et sa main invisible a su au moment voulu s'approprier le butin.

Les écervelés de la grande révolution eurent autant de gloire qu'ils en voulaient : ils devinrent des héros !

L'Alliance garda pour elle la substance et l'incognito, qui lui en garantissait la jouissance.

Ce que c'est que l'aveuglement et la sottise

humaine ! Des centaines de milliers d'hommes se ruaient les uns contre les autres ; et aucun d'eux ne se doutait de l'existence d'une force souterraine qui les poussait à son gré !

Les diplomates et les hommes d'Etat de l'époque sont restés, eux aussi, dupes de cette mystification. Ils combattaient la révolution, mais sans pouvoir préciser ce qu'elle était, sans pouvoir spécifier les éléments qui la composaient, sans pouvoir saisir la main qui la faisait remuer.

Si quelqu'un leur avait dit qu'au fond de ce tremblement de terre, se trouvait une Alliance, une Camorra formée de vendeurs de vieux habits, d'usuriers, de souteneurs, etc.; mais Metternich lui-même l'aurait tenu pour fou.

La réaction européenne en arriva pourtant à croire à l'existence d'une Alliance tacite et de fait, à une sorte de solidarité, entre tous les révolutionnaires.

C'est cette conviction qui suggéra à Alexandre Ier l'idée de former une sainte alliance en opposition à celle qu'on combattait. Comme on voit, par instinct on s'était tant soit peu approché de la vérité.

Mais on était encore bien loin de frapper juste et de dénicher l'hydre cachée, cette hydre qui devait, soixante-six ans après, terrasser le petit-fils du patron de la sainte Alliance, Alexandre II.

Dans ces deux alliances, l'une visible, l'autre invisible, c'est la première qui a disparu : car, composée, comme elle était, d'éléments hétérogènes et hostiles, elle n'avait qu'un caractère provisoire, d'occasion.

L'alliance invisible par contre a survécu, puisqu'elle a pour base les traditions et les aspirations d'un peuple tout entier et pour liens l'affinité de race et la solidarité d'intérêt.

L'Alliance israélite universelle ne peut être détruite que par la destruction complète de la race juive.

Les armées de la république et de l'empire une fois écrasées, l'Alliance dut se contenter de travailler dans l'ombre, comme auparavant, se réservant de reprendre l'exécution de son œuvre à la première occasion.

Cette œuvre on peut la résumer en ces quelques mots :

« Faire triompher le droit individuel, le droit de l'homme, sur le droit collectif, c'est-à-dire sur le droit des masses, des nations. »

C'est l'aberration de 1789, ni plus, ni moins.

Pour avoir sa revanche, la juiverie et ses complices tâchèrent d'abord de se débarrasser de la royauté de droit divin. Ils la remplacèrent, en 1830, par une royauté à postiches, issue du suffrage universel.

Mais en 1848, l'Alliance reprit brusquement l'offensive sur quatre points à la fois et mit l'Europe sens dessus-dessous.

La révolution, en effet, éclata simultanément à Paris, à Vienne, à Berlin et en Italie. Que l'on remarque que le feu prit d'abord à Paris et que Thiers et Odilon Barrot, tous les deux Juifs, en donnèrent le signal.

A Paris, comme dans la capitale autrichienne, le succès fut complet. A Berlin, les choses se passèrent autrement, car là les hordes révolutionnaires se heurtèrent contre la masse compacte de l'armée allemande et la volonté de fer du roi Guillaume.

La plupart des Juifs compromis dans ce mouvement prirent la fuite et se réfugièrent soit à Londres, soit en Amérique.

L'Italie suivit le mouvement général, dans l'espoir de réaliser sa grande idée, l'unité italienne. Dans ce pays donc les révolutions partielles de 1848 avaient un caractère essentiellement national. Pourtant les Juifs cosmopolites s'y associèrent [1], dans le but évident de ménager une diversion utile à l'Alliance universelle.

Si quelqu'un se permettait d'émettre encore un doute par rapport au caractère judaïco-cosmopolite des révolutions qui secouèrent l'Europe en 1848, nous le mettrons au pied du mur par ce raisonnement.

Des secousses simultanées, qui agissent

[1] A Venise, le dictateur Manin et plusieurs autres agitateurs qui parcouraient la péninsule étaient des Juifs. Cavour se laissait taper sur le ventre par ses intimes. Artom, son secrétaire, Rothschild, le baron Franchetti, etc. Comme on voit, le grand ministre pataugeait en plein *ghetto*.

sur quatre points éloignés, sont un indice sûr de l'existence d'un facteur international puissant. Citez-nous, de grâce, le nom d'un autre facteur qui, à l'instar du judaïsme, se soit fourré dans les entrailles de chaque peuple et qui puisse par conséquent exercer une action internationale simultanée et vigoureuse.

Comme nous attendrions en vain une réponse à cette question, force nous est de déclarer que l'Alliance israélite universelle est la puissance occulte, le volcan, qui a fait osciller le sol de la vieille Europe en 1848.

Que l'on remarque que, dans le phénomène de 1848, la main cachée de l'Alliance est plus visible qu'elle ne l'était en 1789. Cette particularité a son importance, car elle établit la progression dans la marche ascendante de cet élément subversif.

Dans le mouvement nihiliste, cette progression est encore plus accentuée.

CHAPITRE VII

L'Alliance en Russie.

Dans les trois chapitres précédents nous nous sommes vu forcé de nous écarter du but spécial que nous poursuivons, afin de traiter ce thème à un point de vue général, ou cosmopolite si l'on veut. Sans cette digression, le lecteur ne saurait saisir l'enchaînement historique qui existe dans les mouvements révolutionnaires et leur rapport avec la force motrice.

Le mouvement nihiliste est sorti de toutes pièces de l'usine de l'Alliance israélite universelle de Paris, la même, comme l'on sait déjà, qui a lancé à l'eau les 1789, les 1848, etc. Ici, comme partout ailleurs, le but poursuivi par les Juifs de l'Alliance est celui de forcer les souverains de la Russie a changer les lois et coutumes de leur pays, uniquement parce qu'elles gênent messieurs les Juifs, une minorité infime et très peu intéressante.

« Mais qu'ils s'en aillent, sapristi! si la Russie ne leur convient pas ! »

Ainsi, sans doute, s'exclameront ceux parmi nos lecteurs qui sont à la fois sensés et impartiaux.

Les Juifs de l'Alliance pourtant ne l'entendent pas de cette oreille-là; ils se disent :

« Nous avons imposé notre volonté à la France, à la Belgique, à la Suisse, bref à tous ceux qui ont accepté les principes de 89.

« Partout la révolution triomphe; partout la catholicité est en désarroi.

« Il n'y a que les peuples orthodoxes qui osent encore nous tenir tête, nous montrer les dents!

« En Russie, quatre millions de Juifs, nos

coreligionnaires, gémissent sous un esclavage honteux.

« Non! Là aussi il nous faut un 89! Mort aux Romanof! A bas l'orthodoxie![1] »

Cela se passait en 1846 au sein du Consistoire israélite.

On décide alors de mettre aussitôt la main à cette œuvre de délivrance, qualifiée du nom d'*Œuvre russe.*

Après un peu de réflexion pourtant, les Pharisiens de l'Alliance modérèrent tant soit peu leur premier élan et se décidèrent à envoyer d'abord un ambassadeur extraordinaire à l'empereur Nicolas, dans le but ostensible d'épuiser tous les moyens de conciliation et de tâcher d'obtenir quelque concession en faveur des Juifs russes.

Cette mission délicate fut confié au baron sir Moses Montefiori, beau-frère des Rothschild, qui avait l'entrée dans presque toutes

[1] Ces cris sinistres ne font-ils pas pendant avec les cris des énergumènes de 1789?

« Mort aux Bourbons! A bas la religion d'Etat, les privilèges, etc. »

les cours et qui jouissait de la réputation de philanthrophe émérite.

Il est superflu de dire qu'en chargeant Montefiori de cette mission, les conspirateurs de l'Alliance savaient très bien qu'elle ne pouvait avoir qu'un résultat négatif.

En calculateurs profonds et habiles, ils en avaient pris leur parti et ne comptaient que sur les résultats moraux que l'apparition de Montefiori en Russie ne manquerait pas de leur assurer.

Voir qu'un Juif est reçu d'une manière honorifique par le Czar; qu'il est l'objet de toute sorte d'attentions, c'est là un spectacle qui devait nécessairement enorgueillir les Israélites de Russie et leur faire présager un avenir meilleur : cela devait leur servir d'encouragement, pour ne point désespérer et se tenir prêts à suivre l'impulsion que l'Alliance leur donnerait au moment voulu.

Montefiori, sans doute, ne laissa échapper aucune occasion d'agir sur le moral de ses coreligionnaires moyennant des conseils et des exhortations adroitement insinuées. En nouveau Moïse, il leur montra le serpent de l'Alliance, symbole moderne de la délivrance d'Israël.

Tout cela se fit selon les vœux des conspirateurs de Paris et sans que ni Nicolas ni ses ministres et son entourage s'en doutassent le moins du monde. Montefiori quitta Varsovie fêté par ses hôtes et suivi des bénédictions d'Israël reconnaissant.

Dans cette farce, c'est le gouvernement russe qui joua le rôle de dupe ; car même aujourd'hui il ignore de quelle façon Montefiori et ses Juifs s'étaient moqués de lui, en faisant une importante démonstration à son insu. Pour ces sortes de choses-là, il n'y a pas de diplomatie plus habile que la juive.

Les événements de 1848 obligèrent évidemment l'Alliance à tourner ses regards ailleurs, laissant les Juifs de Russie aux soins de la Providence. Avant d'ouvrir les hostilités et d'entreprendre quelque chose de sérieux contre l'empire des Czars, il fallait organiser les masses juives et les préparer à la lutte.

Cette œuvre occupa Adolphe Crémieux et

ses coryphées de l'Alliance, durant la période comprise entre 1840 et 1866 : organiser des comités dans toute l'Europe n'est pas évidemment l'affaire d'un jour.

Tout étant prêt, Crémieux leva le rideau et proclama *urbi et orbi* l'inauguration de l'Alliance israélite universelle, cachée sous le masque de la philanthropie. Pourtant ses statuts portent que l'Alliance israélite universelle combattra tous ceux qui s'opposent aux Juifs, *parce qu'ils sont Juifs*. Comme on voit, c'est une déclaration de guerre non voilée à l'adresse de la Russie.

Il n'est pas avéré que l'Alliance ait pris part clandestiment à l'insurrection polonaise de 1863 ; mais, en revanche, il est hors de doute qu'en 1867, elle prit résolument l'offensive contre la Russie et son souverain.

A l'occasion de l'exposition universelle, Alexandre II vint visiter Paris. Un Polonais, du nom de Berezowsky, déchargea alors son arme sur le souverain, à bout portant, mais sans effet.

Ce crime fut alors attribué à l'élan patriotique d'un Polonais qui tenait à venger la défaite de ses compatriotes et à revendiquer les droits de son pays. Cette version, plausible en apparence, était pourtant complètement erronée; puisque Berezowsky n'était qu'un instrument de l'Alliance israélite et de son chef Crémieux.

Voici comment nous allons prouver une assertion qui, au premier abord, peut paraître une noire calomnie.

Si l'on se souvient, la visite du Czar fut signalée par un autre incident regrettable, qui fit rougir tous ceux qui tiennent à la réputation légendaire de la nation française.

Un certain Floquet, un avocat presque inconnu à cette époque, cria de toute la force de ses poumons : « Vive la Pologne ! » justement au moment où Alexandre II faisait son entrée au Palais de Justice.

Floquet passa alors pour toqué, et l'incident fut clos par quelques jours de prison préventive que l'on fit faire à cet énergumène.

Mais Floquet n'était point du tout fou; il

savait très bien ce qu'il voulait faire : par cet acte inqualifiable, il ne tenait qu'à plaire et à se concilier les bonnes grâces de ses protecteurs, les gros bonnets de l'Alliance israélite.

Pour éclaicir ce point, il faut dire ici que Floquet, qui vivait au jour le jour, griffonnait à quelques sous la ligne auprès du Juif Neftzer, rédacteur du *Temps,* et qu'en plus il était un des protégés d'Odilon Barrot, juif lui aussi.

Et qu'a-t-il gagné ensuite, Floquet, par son incartade ? Que pouvait-il gagner davantage ?

Admis dans le consortium Thiers, Crémieux, Hérold et Ce, c'est-à-dire dans le gouverment du 4 septembre, Floquet est devenu rien moins que président de la Chambre française. Cela vaut mieux que de se déchirer la gorge en plaidant des divorces.

Mais pourquoi, dira-t-on, n'a-t-il pas crié : « Vive la Palestine ! » au lieu de crier : « Vive la Pologne ? »

Ma foi, cela aurait été par trop comique : un Français qui crie : Vive la Pologne ! cela se comprend; l'autre cri aurait fait pousser des éclats de rire.

L'essentiel pour Floquet et ses complices, c'était d'insulter le Czar, de faire une démonstration révolutionnaire, le cri de vive la Pologne convenait mieux, justement parce qu'il servait à cacher les vrais instigateurs et leur but.

Il ne nous reste à présent qu'à établir le raccordement qui existe entre ces deux cas, afin de démontrer que ceux qui faisaient remuer la marionnette Floquet, sont les mêmes qui faisaient lever le bras de l'assassin Berezowsky.

Nous avons dit tout à l'heure que les affiliés de l'Alliance israélite avaient récompensé leur fidèle Floquet, en se l'associant au pouvoir après le 4 Septembre. Et qu'arrivera-t-il de Berezowsky, qui depuis son exploit gémissait dans les prisons?

A peine Adolphe Crémieux eut-il les rênes du pouvoir entre ses mains, qu'aussitôt il se fait ouvrir les portes de Mazas et brise les fers qui liaient les mains de l'assassin d'Alexandre II !!

Cela est historique; personne n'osera le nier.

En foulant ainsi aux pieds tout code et toute loi, l'infâme Crémieux ne visait qu'à une chose : « Donner une preuve éclatante à ses sicaires, qu'Israël est tout-puissant et qu'il protège ses assassins. »

Il fallait délivrer Berezowsky afin de se ménager toute une pépinière d'assassins pour l'avenir. En effet, l'exemple de Berezowsky a servi à encourager Hartman; de même que l'impunité octroyée à ce dernier devait rassurer les assassins du 1er mars.

CHAPITRE VIII

1879. Levée de boucliers. Hartman.

Tous ont à la mémoire les événements de la période 1877-1878. Il suffira donc de faire ici quelques remarques par rapport aux traits principaux qu'offre cette page de l'histoire contemporaine.

La Russie a été entraînée dans l'aventure orientale grâce à la rivalité existante entre les gens qui étaient au pouvoir et les mécontents. Les deux partis se poussaient mutuellement et rivalisaient entre eux, les uns voulant se donner pour plus Russes, plus Panslavistes que les autres.

De ce frottement jaillit l'étincelle qui alluma la guerre.

En effet, les mécontents, voulant forcer la main au gouvernement, se lancèrent dans l'équipée serbe, sous les auspices de leur héros Tchernaïef. Mais le canon de Djuniss eut vite raison des bandes nihilistes : ce fut alors que le gouvernement releva le gant, en disant :

« Allez, je savais ce que vous valiez ; c'est à moi à régler avec les Turcs ! »

Le gouvernement a triomphé, c'est vrai ; mais à quel prix !

Une catastrophe, pire que celle de Bender, n'a été conjurée que grâce à la valeur du soldat russe et à l'habileté de quelques-uns parmi les généraux.

Quant à la diplomatie, elle n'a fait qu'accumuler faute sur faute, sottise sur sottise ; car elle n'a su rien prévoir, ni rien préparer.

Une diplomatie habile, savante, prépare et assure la victoire, avant que le canon gronde : l'armée est la perche qu'elle emploie pour abattre les fruits mûrs.

C'est ainsi qu'ont agi Frédéric, Bismarck et Pierre-le-Grand.

Toute la responsabilité de cet insuccès retombe sur le prince Gortchakof, un petit esprit, arrogant et pétulant, qui n'était bon qu'à faire des bons mots, tels que : « La Russie se recueille, etc. »

Mais en sortant de son recueillement en 1876-1878, la Russie n'a eu que des déboires, des surprises qu'elle doit uniquement à l'incapacité de son chancelier.

N'est-ce pas lui qui a tenu complaisamment la chandelle à Bismarck, pendant que celui-ci faisait son affaire ?

N'est-ce pas lui qui a laissé prendre le dessus à l'Allemagne, sans exiger une compensation sérieuse?

N'est-ce pas lui enfin qui n'a su procurer à la Russie, ni une position politique et stratégique avantageuse, ni même quelque alliance utile?

Et le pauvre homme se plaisait à poser en rival de Bismarck!

Le prestige et les intérêts vitaux du pays

une fois compromis, un contre-coup dans sa situation à l'intérieur se fit aussitôt sentir. Les mécontents dressèrent de suite la tête, faisant du gouvernement une cible à leurs invectives et à leurs attaques. Les placards séditieux, les lettres comminatoires, les émeutes d'étudiants se suivirent de près, comme préludes d'une agitation, d'une levée de boucliers imminente. A l'étranger la cohue révolutionnaire se mit à sonner la fanfare.

Il est à remarquer que la superstition *des dates* a dû se mêler aux calculs de ces illuminés de la révolution cosmopolite.

1789 et 1879!! Cela caresse l'oreille et ça allèche :

« Vainqueurs de l'Occident en 1789; pourquoi ne le serions-nous pas au Nord en 1879? » se dirent évidemment les Juifs boulevardiers : et aussitôt ils se mirent à souffler sur le brasier de l'*Œuvre russe*.

Que l'on se donne la peine de fouiller leurs organes de l'époque, et à chaque pas l'on y rencontrera cette exclamation, qui cache un mot d'ordre inspiré :

« La Russie va vers un 89. »

Eh sans doute ; une fois que c'est eux-mêmes qui la poussaient !

Dans toutes les grandes villes de la Russie, on ressentit un malaise, indice certain qu'une tempête était sur le point de se déchaîner sur le pays. Telle était la situation peu après la clôture du Congrès de Berlin.

L'assassinat du général Mezensoff en plein midi fut le premier acte qui signala la levée de boucliers des nihilistes. Puis d'autres attentats plus ou moins heureux eurent lieu, qui ont valu aux nihilistes une renommée légendaire, celle de vampires qui sont partout et nulle part. La panique se saisit bien vite de tout le monde, car on avait affaire à un ennemi invisible et insaisissable.

La cour et les ministres étaient dans des transes ; car la vie du Souverain était constamment en danger. La police ne savait plus où donner de la tête. Pourtant la personne du Czar et les abords de sa résidence étaient si bien gardés, que les nihilistes et leurs associés désespérèrent pendant quelque temps de pouvoir atteindre leur but criminel.

Toutes les tentatives ayant échoué, il fut décidé à Paris de se débarrasser du *tyran*, en faisant sauter le train qui devait prochainement amener le Czar à Moscou. On confia l'exécution de ce sinistre dessein à un nommé Hartman, russe, mais d'origine allemande, ainsi que l'indique son nom.

L'empereur Alexandre l'échappa, comme on se souvient, et l'assassin put, par une sorte de miracle, s'évader au delà de la frontière. Arrivé à Paris, auprès de ses complices, Hartman fut arrêté : mais son arrestation donna lieu à un incident diplomatique dont l'issue ne fait guère honneur au gouvernement de la République.

La presse de tous les pays s'occupa à cette époque de l'affaire Hartman et en suivit avec anxiété les différentes phases. Personne pourtant ne s'inquiéta de savoir, quels étaient les protecteurs et associés de cet assassin, qu'on voulait à tout prix transformer en héros.

En effet, en y réfléchissant bien, il saute aux

yeux qu'un tour de prestidigitation, comme celui qui consiste à faire échapper un individu en dépit d'un essaim de policiers, l'arracher par force des mains de l'autorité, l'expédier ensuite en Amérique, il saute aux yeux, disons-nous, qu'un tel tour de force ne peut être que l'œuvre d'une puissance occulte, ayant une main partout, puissance essentiellement internationale.

Mais la grande bataille livrée à Paris entre le représentant de la Russie et les protecteurs de l'assassin, est un indice certain que cette puissance que nous cherchons à découvrir, dispose en cette capitale de forces écrasantes, bref, qu'elle y dicte la loi.

Cette puissance n'est autre que l'Alliance israélite universelle, qui a fait de Paris son repaire, qui a saisi la France par les cheveux, qui remue le ciel et l'enfer pour bouleverser la Russie aussi, afin de dominer sur l'univers.

Sait-on comment ont fait ces conspirateurs de l'Alliance pour escamoter leur Hartman? Voici comment le tour a été joué.

Les Juifs, qui pullulent partout en Russie,

dans chaque village, sur toutes les routes, par un mot d'ordre, se sont passé l'assassin de main en main, de même que font les pick-pocket avec une montre volée au milieu d'une foule.

Ce n'est que de cette manière qu'il a été possible à Hartman de se sauver de Moscou, de faire 1260 kilomètres de route, de coucher de village en village, sans que ni la police, ni les gardes-frontières l'aient aucunement aperçu.

Mais la frontière une fois passée, voilà que la main de l'Alliance paraît à découvert, toute nue.

Hartman est accompagné jusqu'à Berlin par deux Juifs, chargés d'établir son identité auprès de Karl Marx, le fameux agitateur socialiste, Juif lui aussi. Celui-ci se hâte aussitôt d'expédier le héros à Paris, aux aimables soins de ses confrères de l'Alliance.

Mais à quoi bon mettre tant d'insistance pour prouver que Hartman était bien le sicaire des conspirateurs de l'Alliance, une fois que les Juifs n'en font point un mystère et que même ils s'en vantent publiquement. Qu'on prenne note de ce qui suit :

Cinq jours avant l'attentat de Moscou, un Juif l'annonça à la Bourse à un Français de mes amis, personne digne de toute foi. Le télégraphe ne tarda pas à confirmer la prophétie du courtier israélite : mais le coup ayant raté, mon ami en rencontrant le Juif, l'apostropha ainsi :

« Eh dis donc, le coup a manqué! »

A cela le Juif réplique aussitôt, d'un ton rassuré et confiant :

« Ça ne fait rien : il faudra l'empoisonner ! »

Sourd à toutes mes remontrances et prières, mon ami refusa de me donner le nom du scélérat qui avait prononcé ces paroles. La peur de s'attirer une mauvaise affaire lui imposait évidement le silence.

Cette conversation se passait vers les onze heures du soir au café qui est au coin de la Madeleine. A une heure, le lendemain, je trouvais le prince Galitzin à l'ambassade, à qui je fis part de ce fait, insistant pour qu'il le communiquât aussitôt au prince Orlof.

Galitzin en resta abasourdi ; il poussa même un profond soupir ; et voilà tout.

Je crois même qu'après mon départ il prit la chose pour du chantage : car ces diplomates *collet-monté* poussent l'incrédulité jusqu'à la sottise ; ils ne croient qu'à des pièces dûment timbrées et cachetées.

Il ne faut pas s'étonner donc que les agitateurs et les nihilistes la leur fasse constamment à la barbe.

On condamne à mort un Empereur de Russie, et son représentant à Paris n'en sait rien du tout !

CHAPITRE IX

Règne de la terreur. Intrigue de palais.
Loris Melikof, dictateur.

Comme on voit, l'Alliance israélite universelle, fidèle à ses traditions, à sa politique d'agression cosmopolite, s'est lancée dans la lutte, profitant de l'agitation qui règnait dans l'empire des Czars.

Tout avait été préparé par elle dans ce but; tout avait été prévu. De 1860 à 1872, pendant douze longues années, Crémieux avait sans bruit ramassé et distribué convenablement toutes les forces dont dispose l'Alliance en Europe.

De 1872 à 1878 il s'était occupé de l'organisation des comités secrets judaïco-nihilistes, établis en Russie même ; en plus il avait formé un cordon d'investissement, un blocus en règle de la frontière russe, de la Baltique jusqu'à Cravovie[1].

Et à Pétersbourg on dormait sur un lit de rose, le sommeil des justes, ou des étourdis pour mieux dire ; car personne ne se doutait qu'on était cerné et miné par un ennemi invisible !

Mais ne soyons pas si durs envers les aveugles et les étourdis ; puisque pas seulement à Pétersbourg, mais nulle part on n'avait la moindre idée de ce qui se tramait dans les souterrains de la révolution cosmopolite. Nous ne nous étonnerions point qu'à l'heure qu'il est, beaucoup d'esprits malins ne nous prêtassent foi que sous bénéfice d'inventaire.

Quoi qu'il en soit, en 1879, le règne de la terreur fut établi dans toute la Russie d'Europe, de Pétersbourg à Odessa. Des attentats inouïs

[1] Les détails sur ce fait seront donnés plus loin.

se commettaient en plein jour, tandis que des bruits sinistres, répandus à dessein, effrayaient les masses et donnaient le change aux agents du gouvernement.

L'attaque, comme on voit, était systématiquement et savamment combinée.

La panique, comme de raison, gagna aussi la cour et les hautes sphères administratives; car chacun avait acquis la conviction que la vie du Czar était suspendue à un fil et que sa mort pourrait entraîner une catastrophe nationale.

Pour conjurer un tel désastre, on conseilla à Alexandre de se faire un bouclier des héros de la dernière guerre; de se faire une sorte de talisman de leur prestige vis-à-vis du peuple russe.

Cet expédient ne manquait pas d'habileté, il faut le reconnaître, puisque la personne du Souverain aurait été inviolable derrière des personnalités telles que Gourko, Radetsky, etc. Le peuple russe idolâtre les braves, au point qu'on aurait de la peine à trouver un Russe qui se décidât à lever la main contre un héros légendaire.

C'est assurément un des beaux traits que possède ce peuple.

Malheureusement, ce plan fut mal exécuté et échoua complètement grâce à une intrigue de palais, tramée sous les auspices du général Milutine, ministre de la guerre et ancien favori du Czar.

Afin de raffermir sa position à la cour et d'acquérir un surcroît d'influence, ce ministre avait conçu le projet d'élever sa créature, Loris Melikof, en le faisant nommer dictateur.

Cette nomination ne manqua pas de froisser tout le monde, les héros de la guerre y compris. De tous côtés on se récria; d'abord parce que l'on trouvait singulier qu'on eût accordé à un Arménien des pouvoirs et des honneurs qu'aucun Russe n'a jusqu'ici obtenus : et puis, parce que l'on avait fini par découvrir que Loris avait tout simplement usurpé le titre de *vainqueur de Kars*.

Voici comment on en avait imposé à la bonne foi d'Alexandre II, afin de lui arracher la dictature, qui au fond cachait un consortium auquel participaient Milutine, Loris lui-même et Katkof, le fameux journaliste et courtisan.

Depuis de longues années le comte Milutine avait fixé ses prédilections sur Loris Melikof, dont il s'exagérait beaucoup la valeur et les capacités. Sa partialité envers ce favori était telle, que parfois le ministre froissa l'état-major du Caucase, jusque dans la personne de son chef, le grand-duc Michel, frère de l'Empereur.

Il ne fallait pour rien au monde toucher à son Loris : c'était une sorte de parti pris avec le ministre de la guerre, et coûte que coûte on devait baisser la tête.

Même la bataille de Zewin perdue par la faute de Loris Melikof, ne put lui faire ouvrir les yeux, ni le raviser. Pour tirer son protégé de ce mauvais pas et rétablir les affaires, le ministre se hâta de lui expédier de Pétersbourg un sous-chef éprouvé, le général Obroutchef, qui devait remettre Loris sur ses jambes et le lancer dans la nouvelle campagne.

En effet, la bataille d'Aladja-Dagh gagnée le 3 octobre 1877, est due aux dispositions savantes prises par cet officier. L'armée turque une fois détruite, Obroutchef, le vrai vainqueur, s'en retourna à Pétersbourg, cédant ainsi au protégé du ministre le soin de cueillir des lauriers déjà coupés et mis en tas pour lui.

Mais voilà que la nouvelle de la prise de Kars d'assaut vint éblouir le monde entier. Comme Loris Melikof commandait les opérations, durant ce fait d'armes unique, Milutine s'empressa de lui en attribuer tout le mérite et fit de sa créature le héros des héros.

Et pourtant, le ministre savait parfaitement que cette gloire qu'il tenait à attribuer à tout prix à son protégé, n'était après tout que de la pure fantaisie; puisque la prise de Kars est due exclusivement à l'auteur de ce récit, qui assura la victoire à l'armée russe, en forçant le Pacha de Kars et la garnison des forts d'en haut, à prendre la fuite[1].

[1] Voir le récit du *Temps* de Paris, 18 août 1880 : la Prise d'assaut de Kars, par le capitaine Borneque, etc.

Loris Melikof et son protecteur ne peuvent pas même être absous de la charge de mauvaise foi en plaidant un subterfuge officiellement admis, qui permet à un chef de dire : « Mon subordonné, c'est moi. »

Car *celui* qui a vaincu à Kars, était un simple volontaire, qui servait la cause des peuples d'Orient par principe et l'Empereur par reconnaissance, pour les bienfaits qu'il avait personnellement reçus de lui.

Indépendant par ses actes, il l'était également dans leurs suites et résultats.

Donc ceux qui lui ont arraché sa gloire, ne sont plus ni moins que des usurpateurs, des imposteurs.

Mais cette fraude présente un autre aspect bien plus grave, qu'il est essentiel de faire ici ressortir. La gloire qui nous revient à nous personnellement par la prise de Kars, se réduit à peu de chose à côté de la gloire qui revient de ce chef à Alexandre II, notre bienfaiteur.

Est-ce que Milutine, lui, ne se parait pas des mérites de Loris, sa créature? Ne fait-il pas valoir ces services comme étant les siens ?

Or, si Alexandre avait pu savoir que le vainqueur de Kars était Osman-Bey, son protégé, il en aurait été tout ému : car il aurait vu de ses yeux que l'homme à qui il avait sauvé la vie à Ems, lui rendait la pareille en proférant ces mots :

« Sire, je vous dois la vie et je vous en exprime ma reconnaissance en plantant le drapeau de Votre Majesté sur les murs de Kars. »

Mais le malheureux Czar ne devait pas avoir cette satisfaction si douce, si légitime : ceux qui l'entouraient tenaient à exploiter tout à leur propre avantage. Milutine craignait de voir échapper le pouvoir de ses mains, et Loris voulait devenir un Napoléon du Nord. Aussi durent-ils dans ce but abuser de la confiance de leur souverain et fouler aux pieds les droits de celui à qui la Russie est redevable de la chute de Kars et de la déroute des assassins du malheureux Abdul-Aziz.

Nous épargnerons au lecteur le récit fastidieux des avanies et des misères que nous dûmes supporter de la part de Milutine et de ses associés. Il suffira de dire que nous avons dû fêter l'anniversaire de la prise de Kars à moitié nu et affamé.

Comment protester, comment faire entendre notre voix dans un pays où la force prime le droit? Heureusement que nous ne songeâmes même pas à recourir droit à l'Empereur. Une telle incartade nous aurait valu la Sibérie : tout de suite on nous aurait déclaré nihiliste, et on ne nous aurait plus revu.

Un essai que nous fîmes auprès des organes de l'opinion publique échoua tristement. Katkof, le rédacteur de la *Gazette de Moscou*, prit notre récit de la prise de Kars, en nous promettant sa publication immédiate. Une fois en possession du précieux document, M. Katkof se hâta de le faire passer à ses complices, Milutine et Loris. On n'a plus revu le manuscrit depuis.

Katkof a la conscience très élastique; pour lui tous les moyens sont bons. Soustraire un manuscrit (un bout de papier) n'est qu'une bagatelle, lorsqu'il s'agit d'une grosse affaire, comme celle de tromper son Souverain, pour mieux lui arracher le pouvoir des mains.

D'accord donc avec Milutine et Loris, Katkof faisait de son mieux afin de mystifier le Czar et tromper le public. Comment pouvait-il dire la vérité en prenant en main notre cause?

Chose étrange! Katkof qui a trempé dans la conjuration pour faire d'un imposteur un dictateur, ce même individu a été le premier à lancer une pierre contre Loris lors de sa chute!

Toute mauvaise action entraîne avec soi son châtiment. Ainsi, comme l'on verra bientôt, la fraude dont se sont rendus coupables ces conspirateurs, a fatalement abouti à la catastrophe du 1er mars.

CHAPITRE X

Catastrophe du 1er mars. Fiasco de l'Alliance.

Ce serait en vain que le comte Milutine essaierait de se disculper et de rejeter loin de lui la lourde responsabilité qui lui revient devant l'histoire. Il ne saurait nier, par exemple, que c'est avec pleine délibération et en dépit de tout le monde qu'il attribua à Loris Melikof des mérites et des talents que cette individualité ne possédait guère.

Comme soldat, la réputation de Loris a toujours été médiocre ; comme administrateur ses capacités n'ont guère dépassé les limites du lieu commun ; tout au plus il a fait preuve d'une activité fébrile, et pas toujours sage ni pondérée. Comme caractère par contre, Loris Melikof prête le flanc à la critique, car il est regardé comme un homme souple et peu sûr.

Il est peu de personnes au Caucase, qui ne disent avec M. Pobedenozof, précepteur d'Alexandre III : « Mais, Loris nous a trompés tous ! »

Soyons pourtant courtois; admettons que Loris Melikof soit un général dans toute la force du terme : mais de cela il ne découle point qu'il ait été à la hauteur de la mission à laquelle l'a élevé son protecteur Milutine.

Il faut d'autres connaissances, d'autres capacités, lorsqu'il s'agit de sauver la Russie d'un des plus grands fléaux qui aient affligé l'humanité. Commander à des Arméniens, des Lesghis et des Georgiens est une chose; lutter avec des sectaires et des révolutionnaires du monde civilisé en est une autre.

Aussi quand Loris prit sur lui, avec une légèreté inconcevable, la dictature, il fit la figure d'un écolier, d'un de ces écoliers présomptueux, qui allongent la main sur toute chose, sans savoir ce qu'ils doivent faire ou dire.

Le malheureux n'avait pas la moindre idée de la situation; il ne savait pas même à qui il avait affaire; en face de quel ennemi il se trouvait; avec qui il devait jouer cette terrible partie, de laquelle dépendait le sort d'une nation toute entière et la vie d'un Empereur.

En homme souple, il s'imaginait que pour faire de la grande politique, il suffit de faire des grimaces à tout le monde et se moquer de tous. Sa politique a été ainsi un jeu de bascule continuel, sans but fixe, sans plan arrêté : tantôt le dictateur penchait d'un côté, tantôt d'un autre.

Pour le Czar il était prêt à se faire hâcher en petits morceaux, disait-il. Mais aussitôt qu'il se trouvait face à face avec les mécontents, Loris devenait mielleux, parlait en libéral, promettant privilèges, réformes, et parfois même il leur laisait entrevoir une sorte de constitution de son cru.

L'élévation de Loris Melikof au pouvoir ne pouvait manquer de porter des fruits précoces et amers ; examinons-les ici l'un après l'autre.

Comme nous avons déjà dit, l'effet immédiat de cet événement, ce fut l'éloignement de Gourko et des autres célébrités militaires, dont la défection en ce moment critique était une perte irréparable pour le gouvernement. Loris se vit ainsi abandonné à ses propres forces.

Un autre dont le concours était indispensable pour le dictateur, se vit éloigner des affaires et de l'entourage du Souverain. Nous entendons parler de nous-mêmes. Loris, qui nous devait son élévation et sa fortune, nous craignait et se sentait mal à son aise en notre présence.

Il est vrai que nous avions entrée libre chez le dictateur ; mais, en faisant cela, Loris cédait à contre-cœur aux clameurs de l'opinion publique : c'est-à-dire qu'il faisait bonne mine à mauvais jeu, tout en nous redoutant.

Sa conscience n'était-elle pas là pour lui dire : « Tu as trompé cet homme ; tu lui as enlevé sa gloire ; tu lui as arraché le pain de la bouche ; comment oses-tu le regarder en face ? »

Ce qui s'était passé entre nous par rapport à Kars, empêchait nécessairement que Loris nous associât à ses travaux, profitant ainsi de nos connaissances et de notre expérience.

Chaque crime entraîne avec soi son châtiment: et Loris, qui avait abusé de notre confiance, dut se passer des services de *celui* qui seul pouvait sauver la Russie et dompter la révolution.

Le sans-façon qui en dépit de cela existait entre moi et le dictateur, me permit une fois de faire un effort, afin de l'éclairer sur la situation et lui dévoiler le nihilisme sous son vrai aspect.

Loris venait de se lever de la table, servie dans le pavillon du château de Tzarskoe-selo. Le voyant flamboyant de gloire et d'hilarité, je crus le moment bien choisi pour briser la glace et entamer mon sujet.

Aussi, pendant que nous absorbions du café dans des tasses impériales, je mis carrément sur le tapis la question brûlante.

Mais aussitôt Loris m'arrêta court, faisant une mine fort significative. Puis, avec cette volubilité qui lui est toute propre, il se tourna vers le général Tchérévine et lui dit en badinant :

« Vous ne le connaissiez pas ; il sait tout, cet Osman-Bey. »

— Si je connais tout, raison de plus pour écouter ce que je voulais dire.

Peu de temps après, le Juif nihiliste Mladewsky tira à bout portant sur la personne du dictateur. L'occasion ne pouvait pas être meilleure ; aussi je crus de mon devoir de revenir à la charge avec l'espoir d'ouvrir les yeux de Loris. Je me trouvais alors à Venise et c'est de là que j'adressai au comte la lettre que voici :

« Venise, le 7 février 1880.

« Au général, comte Loris Melikof.

« Général,

« Sans la prise de Kars, vous ne seriez pas ce que vous êtes ; et sans moi Dieu sait comment nous l'aurions passé devant Kars.

« J'ai donc le droit d'être fier d'avoir contribué à votre fortune. Pouvez-vous en dire autant de la mienne ?

« A l'heure qu'il est aussi, je vous aide dans votre œuvre ; car je poursuis les nihilistes et les Juifs par mes harangues et par mes écrits.

« Votre assassin Mladewsky est un Juif : n'ai-je pas raison de crier à fond de train contre ces canailles ?

« En vous souhaitant un plein succès, je me déclare, général, etc. »

La suite va nous montrer le cas que le Dictateur fit d'une admonition qui venait d'un fidèle et dévoué serviteur d'Alexandre II.

L'administration de Loris Melikof devait avoir un autre fâcheux résultat, qui contribua pour beaucoup à hâter la catastrophe.

Après tout ce qu'on avait dit de Loris, l'empereur Alexandre avait placé une confiance absolue, aveugle, en lui. La cour tout entière se laissa ainsi endormir au milieu d'une sécurité trompeuse, prélude presque certain d'une fin tragique.

« Loris sait, Loris fait, Loris nous a sauvés, » disaient tous, sans se douter qu'ils dormaient sur un volcan prêt à donner signe de son occulte, mais terrible puissance.

Après l'explosion, le dictateur a protesté de son innocence, affirmant qu'il avait averti le Czar et qu'il l'avait même exhorté à ne pas se risquer dehors ce jour-là. Cette assertion après coup, est combattue par l'assertion contraire que soutient la princesse Dolgorouka : d'après cette dame, aucun avertissement de cette nature n'a été donné la veille du 1er mars, ni à l'empereur ni à personne d'autre.

Comme fait remarquer avec justesse la Dolgorouka : « S'il avait été question d'une chose pareille, moi j'aurais dû être la première à en être avertie : en ce cas, pour rien au monde je ne l'aurais fait sortir : j'aurais barré le chemin au Czar avec mon corps. »

La révolution a donc surpris Loris et l'a terrassé.

Il a été dit ailleurs qu'à la suite de l'insuccès de l'attentat de Moscou, les Juifs de Paris avaient essayé de se débarrasser du *tyran* par le poison. Plusieurs essais dans ce sens furent tentés en effet, mais sans résultat.

Impatients d'en finir avec leur victime, Crémieux et consorts renoncèrent à l'emploi du poison. Ce moyen était évidemment inefficace, pour cette simple raison, qu'il ôtait à la révolution l'éclat, l'effet moral qu'elle attendait cueillir du crime.

Un bulletin officiel se serait empressé, sans doute, de déclarer que le Czar avait succombé à une gastrite, par exemple; et les empoisonneurs en eussent été pour leurs peines.

L'Alliance décida donc qu'Alexandre II serait frappé en plein jour d'un coup foudroyant, propre à jeter l'épouvante dans le monde entier : aussitôt nihilistes et Juifs se lèveraient en masse, les barricades se dresseraient, la constitution serait proclamée, etc., etc.

Bref, le programme de toutes les révolutions, qui a si bien réussi ailleurs, fut mis à l'ordre du jour et les mèches furent allumées.

Nous ne nous étendrons point sur les détails navrants qui ont illustré la catastrophe du 1er mars, dont le récit est connu de chacun. Nous aurons soin cependant de faire ressortir ici les incidents qui servent à mettre en évidence les instigateurs du crime, les assassins cachés et insaisissables.

Les assassins, pendus en ligne, étaient au nombre de cinq : ils étaient tous Russes, pur sang. Pourtant, il est à remarquer que ces scélérats avaient eu besoin, afin d'exécuter leur projet néfaste, du concours et de l'aide d'une commère ou receleuse du nom de Jesse Helfmann.

Jesse Helfmann est juive, juive pur sang!

Cette mégère n'est rien moins que le fil conducteur établi entre la batterie qui produisit l'étincelle sinistre et la matière explosible. En d'autres mots, Jesse abritait les assassins, les dirigeait et les encourageait, leur fournissait des moyens (même la recette diabolique envoyée de Paris pour la confection de la bombe); tout cela en sa capacité d'agent de ses coreligionnaires de l'Alliance.

« Judith n'a-t-elle pas tranché la tête à Holopherne? Eh bien, se dit en elle-même Jesse, pour la grande gloire d'Israël, moi aussi je ferai sauter un tyran ! »

Et Israël en a été touché : il pleure encore pour la captivité de Jesse, son héroïne moderne.

En résumant tout ce qui a été dit jusqu'ici au sujet des menées diaboliques de l'Alliance israélite universelle, la certitude est acquise pour tout esprit impartial qu'un enchaînement logique et de fait existe entre les attentats Berczowsky, Hartmann et Jesse Helfmann; bref, qu'Alexandre II, empereur de toutes les Russies, est mort assassiné par la dite Alliance.

De 1867 à 1881, quatorze années se sont écoulées : à la fin de la quatorzième année Crémieux a réussi à frapper sa victime ! Quelle suite dans le but, quelle ténacité, quelle rage dans l'exécution !

L'assassin du Czar Alexandre II n'est autre donc qu'Adolphe Crémieux.

Qui aurait jamais pensé que le célèbre avocat, le grand philanthrope, l'illustre triumvir du gouvernement de la Défense, n'est après tout qu'un infâme et lâche assassin [1] !

[1] Le ministre de la Justice !!

Sa victime pourtant a déjà atteint la hauteur de l'apothéose. Alexandre II est un martyre de son devoir, de son serment : c'est le bon berger qui se sacrifice, plutôt que de laisser les loups dévorer ses brebis. A l'instar du Christ, il a été immolé à la rage judaïque, qui est pire que celle des démons.

Selon les prévisions et les savants calculs de l'Alliance, avec la mort du Czar, l'autocratie devait disparaître et faire place à une constitution, la seule forme de gouvernement qui permette aux Juifs de respirer librement et de prospérer.

Le fiasco de l'Alliance a été sous ce rapport complet, puisque la tragédie dont Alexandre II a été la victime, au lieu de renverser l'édifice politique de la Russie, lui a donné au contraire plus de consistance, plus de force. Aussitôt le Czar mort, on a crié : « Vive le Czar ! » la transition s'est effectuée d'une manière imperceptible; rien n'a été changé, rien n'a été modifié.

Les ministres du nouveau Czar seraient bien aises de voir qu'on leur attribue tout le mérite de cette force de résistance dont a fait preuve à cette occasion le système autocratique. Quant à nous, nous sommes d'avis que le gouvernement a puisé principalement sa force, en ce moment suprême, dans le sentiment d'horreur qu'a produit sur les masses la mort héroïque d'un des meilleurs et des plus nobles souverains qui aient régné sur la Russie.

CHAPITRE XI

Nouveau règne. Menaces de l'Alliance. Ignatief au pouvoir. Incertitude. J'arrive à Pétersbourg.

Alexandre III, élevé au trône, prit le pouvoir entre ses mains au milieu de circonstances tout à fait exceptionnelles.

D'un côté gisait, encore tout chaud, le cadavre ensanglanté de son père; d'un autre, la tête hideuse du monstre révolutionnaire se tordait et hurlait, cherchant encore une autre victime : le peuple atterré restait muet et impassible.

Les obsèques dues au défunt une fois achevées, le nouveau Czar alla chercher un refuge au château de Gatchina, situé à une trentaine de kilomètres de sa capitale. Cette retraite, ou si l'on veut cet emprisonnement, du chef de l'Etat, avait été jugé nécessaire, afin de le mettre en sûreté pendant que le gouvernement lutterait corps à corps avec les nihilistes.

Avec le nouveau règne, l'Alliance israélite avait forcément modifié sa tactique. Elle portait, c'est vrai, la tête haute; ses organes lançaient comme auparavant feu et flamme. Mais le mot d'ordre avait tant soit peu baissé de ton. Convaincue, par expérience, de l'inutilité des assassinats, l'Alliance modifia l'ancien mot d'ordre : « Ou la constitution ou la mort, » en celui-ci, qui est moins violent, mais plus insolent : « Donne la constitution, sinon nous ne te laisserons pas mettre la couronne sur la tête. »

A Paris, nous avons nous-mêmes souvent entendu les Juifs blaguer de cette façon, y insistant avec jactance. Qu'on retrouve leurs organes de l'époque et on y verra cette même phrase répétée à tout propos.

Quelle audace! Quelle effronterie! Un tas de fripiers, des teneurs de métiers inavouables, qui osent mettre l'*embargo* sur une des premières couronnes de l'univers, qui veulent dicter la loi à un empire de quatre-vingt-six millions d'âmes!

Pendant les premiers cinq à six mois de son règne, le Czar actuel a dû vivre en reclus, tantôt à Gatchina, tantôt à Péterhof. Sa résidence était soigneusement gardée par des cordons de sentinelles et vedettes, tandis que les abords étaient constamment battus par de fortes patrouilles. Sa vie était en sûreté; mais il se trouvait quand même sous l'état de siége.

Cette situation n'était plus guère tenable; elle était même humiliante pour un grand empire comme la Russie. Il fallait donc à tout prix y mettre un terme; il fallait dénicher et écraser la révolution.

L'entreprise était bien difficile, il faut l'avouer, puisque tous les préfets de police avaient dû y renoncer. Trepof, Schouvalof, Mezensof, Drentlen, Gourko et enfin Loris, avaient tous l'un après l'autre pitoyablement échoué. Plévé, le chef de la police secrète lui-même, y avait perdu son latin et ne savait plus où donner de la tête.

Le problème était pour ainsi dire insoluble, le gouvernement n'ayant d'autre base pour ses calculs, pour ses conjectures, que l'inconnu, l'invisible. On ne connaissait pas l'ennemi; beaucoup moins ses desseins et ses moyens : bref, on était mystifié, et, ce qui était pire, on désespérait de la situation.

Après s'être débarrassé de Loris Melikof, le nouveau Czar appela aux affaires le comte Ignatief, le fameux diplomate du traité de San-Stefano. Ce choix était assez habile, puisque à cette époque le nom d'Ignatief possédait un grand prestige : quant à ses capacités, on avait droit d'attendre beaucoup d'elles. Ignatief unit à une grande expérience une activité vertigineuse et une finesse toute russe.

Malheureusement, le comte surcharge son rôle; il devient parfois trop fin et trop peu véridique. Aussi finit-il le plus souvent par se tromper lui-même, au point de ne plus pouvoir discerner le faux du vrai. C'est justement ce défaut qui a été cause de sa disgrâce peu de temps après.

Le préfet de police de Saint-Pétersbourg est un autre personnage important que je dois présenter à mes lecteurs.

Le général Baranof avait été admis dans l'intimité du Czar, lorsqu'il était héritier. Cette faveur provenait d'un procès soutenu par Baranof pour prouver qu'il avait livré une bataille navale, dans une latitude inconnue, contre un cuirassé turc, qui s'est laissé couler sans donner ni nom ni adresse.

Le héros de ce combat mythologique, de retour à Pétersbourg, dut soutenir une lutte encore plus acharnée pour prouver aux incrédules, et il y en avait pas mal, que son récit n'était nullement du domaine de la fantaisie.

La presse et le public se partagèrent en deux fractions : les uns soutenaient que Baranof était tout aussi héros que Nelson ou Skobolef ; les autres disaient qu'il n'était qu'un zéro et pire que ça.

Baranof eut alors, au milieu de cette polémique, un moment de vogue : son portrait en marin se voyait aux vitrines et sur les boîtes à bonbons.

Le grand-duc héritier prit, on ne sait pas trop comment, fait et cause pour le héros méconnu et persécuté. Une fois empereur, il nomma Baranof général et lui confia la préfecture de police de Saint-Pétersbourg, supposant sans doute qu'un gaillard qui savait donner des combats de cyclopes sur mer, passerait à la broche les nihilistes par centaines et par milliers.

Nous verrons bientôt quel pauvre sire est ce M. Baranof.

Les acteurs principaux du drame une fois connus, entrons en matière et voyons-les à l'œuvre.

Ignatief, une fois devenu ministre de l'Intérieur, réunit ses subalternes et se mit à travailler âme et corps. Les subalternes immédiats du ministre n'étaient que deux, le nommé Baranof et M. Plévé, chef de la police secrète ; un personnage mystérieux qu'on ne voit jamais dans les rues, ni nulle part, mais qui tranche toute question de son chef.

A force de travail et d'efforts surhumains, ce conseil intime avait réussi à s'assurer une base rationnelle et juste pour les opérations dirigées contre les nihilistes. Les données qu'on possédait déjà par rapport aux crimes politiques, mettaient hors de doute deux points, c'est-à-dire :

1° Que l'élément Juif entrait en forte proportion dans le mouvement révolutionnaire ;

2° Que la complicité des Juifs de l'étranger avec ceux de Russie était un fait incontestable.

De ces prémisses on en vint à la conclusion, que le foyer de la révolution était à l'étranger; et que, tant que les Juifs du dehors continuaient à souffler sur le brasier, ce serait du temps perdu que de tâcher d'étouffer la révolution.

Au point de vue abstrait, le problème était presque résolu; mais, en pratique, cette solution servait à peu de chose. En effet, ces phrases : Juifs de l'étrangers, Juifs du dehors ne signifiaient rien : l'essentiel était de préciser les noms de ces agitateurs Juifs, les positions qu'ils occupaient et leurs moyens d'action, afin de pouvoir les dénicher et les désarmer ensuite.

Trouver l'ennemi, reconnaître sa position, se renseigner exactement par rapport à ses desseins, exige de la part d'un général de vastes connaissances et une grande expérience.

Ni Ignatief, ni Plévé. et beaucoup moins Baranof, n'étaient des stratégiciens de cette force : aussi furent-ils incapables de résoudre le grand problème d'une manière pratique.

Ne sachant pas où donner de la tête, Ignatief se borna à faire sonder et explorer le terrain, sous ce rapport spécial, en s'adressant aux ambassades de Vienne, Berlin, Paris et Londres. Mais ce fut en vain; car les diplomates sont lents de leur nature, et ont en plus le désavantage de porter la tête trop haute.

On ne pêche pas les maqueraux juifs à la ligne : pour les attraper, il faut se baisser tant soit peu, ce qui répugne à messieurs les diplomates.

L'insuccès de cette première tentative suggéra au gouvernement l'idée d'envoyer une mission spéciale chargée de voir de près ce qui se passait au milieu de la juiverie à l'étranger. C'est Baranof en personne qui prit sur lui d'accomplir une mission si délicate, si difficile.

Et que fit Baranof, ce chef de police improvisé? Il ne fit ni plus ni moins qu'un superbe voyage d'agrément, visitant Berlin, Vienne et Paris en grand seigneur et dépensant une centaine de mille francs en dîners, petits soupers, champagne frappé, etc.

Le préfet de police était suivi de tout un état-major composé de la fine crême de mouchards et de limiers de la police : parmi ceux-ci il y avait même des Juifs. Toute cette bande donnait la chasse aux Juifs en plein soleil, sans omettre ni les clairons, ni la grosse caisse.

Il fallait que les Juifs fussent pires que les moineaux pour se laisser attraper!

De retour à Saint-Pétersbourg, le général Baranof présenta son rapport (l'essence de toutes les bouteilles de champagne qu'il avait vidées), dans lequel il insistait pour l'établissement d'un tas de contre-mines, qui devaient faire sauter tous les comités juifs de Vienne, Berlin, etc.

Pas un mot de l'Alliance israélite universelle!

Baranof en ignorait l'existence : et ses mouchards juifs se gardèrent bien, comme de raison, de lui en parler.

Les contre-mines projetées par M. Baranof étaient très simples : cela n'était ni plus ni moins que l'application de cette vieille théorie connue de chaque limier de la police, qui consiste à lancer un voleur contre un autre.

Mettant donc à exécution son invention, Baranof expédie sur le champ deux ou trois agents juifs à Berlin, autant à Vienne et ainsi de suite; leur enjoignant de se tenir prêts à faire sauter en l'air leurs coreligionnaires au premier signe qu'on leur ferait.

Ces émissaires s'en vont : et c'est justement sur ces entrefaites que moi j'arrive à Saint-Pétersbourg.[1]

[1] Sait-on ce qui serait inévitablement arrivé si ces fameuses contre-mines avaient eu le temps de jouer? L'église du Saint-Sauveur et la procession du couronnement auraient sauté en l'air !

CHAPITRE XII

Présent au Czar. Baranof exilé.

Je m'arrange toujours de façon, en allant à Pétersbourg, à éviter les glaçons et à ne pas voir de ces nuits brumeuses qui ne finissent jamais : je préfère la chaleur et les journées de douze heures.

Selon mon habitude donc, j'arrivais à Pétersbourg au commencement de juin 1881 ; c'est-à-dire trois mois après la mort tragique de mon bienfaiteur, Alexandre II.

Une visite à la chapelle expiatoire, érigée sur l'endroit même où eut lieu le crime, fut le premier devoir dont je m'acquittai, quelques heures après mon arrivée. La boîte reçut ma faible obole, qui venait d'un cœur reconnaissant.

J'eus de la peine à m'arracher de ce lieu, à moi si cher!

En quittant le Canal-Katherine, je me dirigeai lentement vers le Nevsky-Prospect et les lieux plus fréquentés, afin de me rendre compte de la physionomie de la capitale et de l'état moral de ses habitants.

Je trouvais le Nevsky désert : par ci, par là on voyait des fiacres circuler, mais ses larges trottoirs ne comptaient que quelques rares passants de basse condition. A tout bout de champ, par contre, on se heurtait contre un sergent de ville ou policier; aux carrefours et près des ponts, ils stationnaient en force.

On se serait cru sous l'état de siège.

Indépendamment des patrouilles qui surveillaient les ponts et leurs approches, il y avait des factionnaires amphibies, qui surveillaient le dessous des ponts. Toutes les barques étaient soigneusement inspectées, de peur qu'elles ne fussent chargées de bombes ou de dynamite.

Ces précautions n'étaient nullement superflues dans les circonstances où l'on se trouvait.

Baranof, lui-même, faisait le trottoir : il m'est souvent arrivé de le rencontrer tantôt sous un costume, tantôt sous un autre, mais tous de haute fantaisie. Le général faisait la ronde, suivi de ses adjoints, armés jusqu'aux dents.

Je ne dois pas oublier de dire que, cette fois-ci, ma visite à Pétersbourg avait un but spécial : je n'avais rien moins qu'une petite intrigue à moi, tout innocente, enfantine si l'on veut, que je tenais à faire éclater comme une bombe nihiliste en présence même de Sa Majesté.

Expliquons-nous de suite, de crainte que mes lecteurs un peu prudes ne prennent ombrage, ne s'effraient.

Depuis le 1er mars, il y avait eu un remue-ménage complet, un changement de scène dans les hautes sphères. Ainsi, mes bons amis Milutine et Loris, avaient pris la clef des champs, tandis que mon meilleur ami, le comte Ignatief, était la planète du moment.

Sous de tels auspices je me crus donc justifié de revenir à la charge, afin d'obtenir justice, en faisant reconnaître à la nouvelle administration les services rendus par moi sous les murs de Kars. En d'autres mots, je voulais essayer de mettre un éteignoir sur Loris, me faire proclamer comme le vrai conquérant de Kars.

L'idée était bonne : aussi, pour la réaliser, j'eus soin de faire relier en beau maroquin doré et ciselé un exemplaire de mon récit sur la prise de cette forteresse, tel qu'il a paru dans le *Temps*, de Paris.

Ce bouquin à la main, j'allai me présenter chez le comte Ignatief, qui, comme toujours, me fit un accueil charmant et se chargea de remettre mon cadeau entre les mains du Czar.

Que le ministre ait tenu parole, je n'en doute point, vu qu'en ce moment Loris était une sorte de bête noire à la cour, et qu'en plus, Ignatief n'était pas fâché de trouver un prétexte pour noircir encore davantage son prédécesseur.

D'ailleurs, un chambellan me notifia officiellement la présentation du bouquin, en y joignant une profonde révérence; l'incident fut clos avec une révérence plus profonde encore de ma part.

Je ne dois pas oublier de dire qu'à deux reprises j'ai essayé d'obtenir du comte lui-même une réponse à cet égard, mais je n'ai pu aboutir à rien de concluant. Car, une fois, il me dit :

« L'Empereur connaissait déjà cette affaire de Kars. »

Quelques jours après, ce même Ignatief me dit avec aplomb :

« Savez-vous? L'Empereur est resté abasourdi en lisant votre récit. »

Laquelle de ces deux versions est la vraie?

D'après mon humble avis, la vérité est, que pour me rendre justice, il ne faudrait rien moins qu'un nouvel Ukase conçu en ces termes ou à peu près :

« Vu que les rapports officiels et tous les

autres récits qui Nous ont été jusqu'ici présentés, ne sont qu'un tissu de mensonges;

« Vu que, etc., etc.

« Nous déclarons que M. un tel est le vrai vainqueur, etc., décrétons, etc. »

Or, il est évident qu'à ce prix personne au monde, avec la meilleure volonté, ne serait en état de briser une lance en faveur du droit méconnu. Aussi, dès ce moment, je considérai l'incident comme définitivement clos, pour ce qui concerne la Russie officielle.

Pour ce qui est de l'histoire, c'est une autre affaire. Là, j'ai ma place arrêtée; et je défie Loris et n'importe qui d'autre de me l'enlever!

Les hommes de guerre de tous les pays savent déjà quel compte tenir de ces intrigues mesquines, de ces grands airs qu'affectent ceux qui veulent se donner à tout prix pour des héros, aux dépens des autres.

Cela dit, passons aux nihilistes, la question palpitante du moment.

A Pétersbourg, j'ai mon pied à terre chez le père Bergoltz, un bon Français, qui loue des chambres meublées, au coin de la rue Garokhovaïa et du Pont rouge. Chez Bergoltz, les locataires vivent pour ainsi dire en famille, à des prix discrets; aussi sa clientèle se compose-t-elle exclusivement de gens de la petite noblesse, qui tiennent à faire des économies; les étrangers y sont rares.

Le balcon, qui donne sur la cour, sert le soir de lieu de réunion, car Mme Bergoltz distribue généreusement des libations de thé à ses locataires qui font cercle autour d'elle. En ami de la maison, j'étais souvent de ce nombre, jouissant ainsi de la société des dames, qui, comme moi, cherchaient à se désennuyer.

Parmi celles-ci, une attira mon attention: c'était une jeune et belle femme d'un type juif assez prononcé: elle avait un je ne sais quoi de froid qui repoussait. Du reste, elle n'était pas mal du tout.

A peine nous quitta-t-elle pour rentrer dans son appartement, que je me mis à questionner notre bourgeoise sur son compte. De cet interrogatoire j'appris que la personne en question n'était autre qu'une Juive du midi de la Russie, qui vivait maritalement avec un Russe, *dont on ne connaissait pas assez ce qu'il était.*

— Pourtant, ajouta aussitôt Mme Bergoltz, je dois dire qu'ils dépensent bien chez nous : dommage qu'ils nous quittent.

— Et où vont-ils? ajoutai-je vivement.

— Ils doivent aller à Vienne, répliqua la brave dame ; mais voici bientôt une quinzaine, sinon plus, qu'ils remettent leur voyage d'un jour à l'autre.

Ici Mme Bergoltz s'arrêta un instant, comme si elle cherchait ses mots, puis elle reprit :

— Le mari, appelons-le ainsi, a beaucoup à faire : il sort et il rentre constamment, il a des affaires avec le gouvernement, et vous savez qu'on n'en finit jamais avec les administrations.

Voyant ma bourgeoise en veine, je poussai hardiment en avant :

— Comment s'appelle-t-il, ce monsieur? repris-je aussitôt.

A ces mots, Mme Bergoltz fit des petits yeux

malins, regarda autour d'elle et se pencha vers moi, en me parlant d'un ton plus bas :

— Ecoutez ; quand il est venu, nous lui avons, comme de raison, demandé son passe-port. Il nous a envoyé promener en disant : « Je n'ai pas besoin de passe-port, moi : je suis fabriquant de passe-ports, madame, je peux vous en procurer autant que vous en voulez.

— Et votre nom, monsieur, comment devons-nous l'inscrire ? répliqua la dame.

— Ecrivez, reprit vivement cet individu, écrivez *Schweschenko*.

— Et nous l'avons inscrit ainsi, me dit Mme Bergoltz : j'ai appris pourtant, d'un autre côté, que son vrai nom est Voronovich et qu'il est un ancien camarade d'école et ami intime du nouveau préfet de police, le général Baranof.

— Savez-vous ? me dit enfin la brave dame, c'est un de ceux qui donnent la chasse aux nihilistes : il paraît qu'il en a coffré une quantité !

Le lecteur a déjà compris, j'en suis sûr, ce dont il s'agit.

Dans la maison, à côté de nos grabats, nous

avions une de ces fameuses contre-mines que Baranof était sur le point de lancer contre la révolution cosmopolite. Plus que cela; nous avions avec nous, sous le même toit, un des chefs de cette contre-conspiration : puisque Voronovich était un des ceux qui avaient accompagné le préfet dans son voyage d'exploration à l'étranger.

C'était une occasion rare : aussi, de suite, je me mis à épier chaque mouvement de ces gens, afin de m'assurer de mes yeux si le gouvernement pouvait rien espérer de leur concours.

D'abord, en observant de près le nommé Voronovich, je pus constater que ce gaillard était fait plutôt pour couper du bois, que pour exécuter une mission tellement délicate, tellement subtile. Voronovich devait tromper les Juifs ! !

La Juive qu'il tenait près de lui, était tout aussi engourdie et bête que son amant. Elle lui avait servi, c'est vrai, en guise de civette, pour attraper quelques nihilistes. Mais à Vienne, au milieu de ses coreligionnaires, qu'aurait-elle pu faire? Absolument rien, sinon trahir son propre amant.

Pendant que j'étais absorbé par ses réflexions et que je ne savais à quoi m'en tenir au juste, tout à coup je vois paraître dans la maison une autre juive, mais une fine mouche : elle avait une de ces figures qui disent : « Méfiez-vous. » C'était un renard en jupes.

A peine fus-je informé que cette commère (tout récemment divorcée de son mari) devait, elle aussi, faire partie de la mission Voronovich et partir pour Vienne, immédiatement je saisis l'ensemble du complot.

Voronovich, qui prétendait donner la chasse aux Juifs, en employant des Juives, était déjà dans leurs griffes sans s'en douter!

L'incapacité de la maîtresse de Voronovich avait suggéré aux Juifs de Pétersbourg l'idée de lui coller sur le dos une coquine de leur choix, qui aurait soin de remettre Voronovich, comme une caille plumée, entre les mains des Juifs de Vienne.

C'est alors qu'ils auraient tourné la contremine contre la Russie.

Le czar, le pays couraient un grand danger; il n'y avait point d'illusion à se faire, ni de temps à perdre.

Sous le coup de la première impression que produisit sur moi cette découverte, j'eus l'envie de courir tout droit auprès d'Ignatief pour l'exhorter à prendre ses mesures et prévenir les suites des bévues que l'on faisait.

Puis, je me ravisai, optant pour un rapport dont l'effet serait incontestablement plus saisissant.

Dans ce rapport, j'informais le ministre de ce qui se passait, en faisant ressortir le côté absurde ainsi que le danger : mon rapport finissait par ses mots :

« Employer des Juifs contre des Juifs, c'est d'abord immoral. Mais si vous ne pouvez pas faire autrement, au moins prenez vos précautions.

« Or, il n'est permis d'employer un espion juif qu'à une seule condition : c'est celle de tenir le revolver près de sa tempe, afin de pouvoir lui brûler la cervelle au premier signe, à la première grimace qu'il fait.

« Et vous, vous envoyez à l'étranger des individus qui vous ont déjà cent fois vendus avant de passer la frontière ! »

Mon rapport produisit l'effet de la foudre : six jours après, le préfet de la police fut destitué et envoyé à Archangel, en exil honorifique. Tous les mouchards juifs furent aussitôt révoqués et rappelés.

Le brave Voronovich aussi fut rapppelé en toute hâte de Vienne, où il s'était à peine installé.

Un grand désastre a été ainsi conjuré. Si ces fameuses contre-mines avaient eu seulement le temps de fonctionner, on en aurait vu de belles !

Tout le mérite de cette découverte revient, comme de raison au comte Ignatief, qui a su profiter de notre zèle et de notre dévouement tout gratuits.

Au moins, si on nous en avait exprimé des remerciements !

CHAPITRE XIII

Entrevue avec Ignatief.

Vraiment on ne pouvait plus y tenir! L'incapacité de ceux qui étaient censés veiller à la sécurité de l'Etat et de son chef, se révélait par une série de sottises, d'enfantillages à n'en plus finir.

Il n'y avait point à hésiter : il fallait sauver la Russie en prenant résolûment le gouvernail entre nos mains : payer de notre personne devint pour nous un devoir.

Aussi, fort du succès que je venais de remporter, je résolus d'aborder le ministre et de tenter un effort suprême. Ceci m'était d'autant plus facile que je jouissais de l'entrée libre auprès du comte et à toute heure.

Ignatief est très matinal : à six heures il est debout et à sept heures il reçoit déjà ses amis intimes. Pouvant passer pour tel, un beau matin je prends un *droschki* et je me fais conduire à l'île des Apothicaires, où le comte passait l'été dans un chalet que la couronne alloue au ministre de l'Intérieur.

A côté, un peu plus en avant, habite le chef de la police secrète, qui est aussi logé aux frais de l'Etat. C'est lui, au fond, le vrai ministre.

Je trouvai Ignatief tout habillé, en capote grise : en me voyant, il prend aussitôt sa casquette de général, se tourne vers moi et me dit : « Faisons deux pas dans le jardin. »

Une fois dans l'allée, c'est moi qui, le premier, engageai la conversation, demandant au comte des nouvelles du rapport que je lui avais fait parvenir. Il répondit à cela d'un ton roide :

— Ils ne font que des sottises.

Puis, sans me donner le temps de reprendre la parole, Ignatief m'interpelle ainsi :

— Que pensez-vous de notre situation?

— Général, répliquai-je, elle est mauvaise et pleine de dangers.

— Comment voyez-vous cela? reprit d'un air impressionné Ignatief.

— Ma foi, je reprends aussitôt, la situation est claire et nette pour qui sait la voir : nous ne faisons que nous défendre, tandis que la révolution nous attaque sans cesse; à la longue, si ça continue comme cela, c'est la révolution qui doit l'emporter.

Le gouvernement doit sortir de cette situation, autrement une autre catastrophe est inévitable...

Après une pause, je repris :

— Qui pourrait prévoir ce qui arriverait, si un malheur venait frapper Alexandre III? Que Dieu nous en préserve, ce pourrait être la fin de la fin.

A ces mots, Ignatief s'arrête court, reste pensif un instant et puis me dit :

— Cela serait un malheur, une calamité nationale. Mais sachez que nous avons une quarantaine de grands-ducs; tous monteront sur la brèche l'un après l'autre; mais aucune concession ne sera faite à la révolution.

— Je sais cela, repris-je à mon tour, mais je répète que personne ne saurait prévoir ce qui arriverait en pareil cas.

Le pire est, ajoutai-je, qu'on ne sait quoi faire : on va en avant sans plan arrêté, sans méthode. Votre police ressemble aux gamins qui s'élancent pour attraper des étincelles : une bombe éclate par ici; aussitôt vos gens courent et font un grand bruit pour peu de chose; une autre éclate par là; de même ils courent et retournent les mains vides.

Ce n'est pas derrière des étincelles qu'ils doivènt courir, mais c'est le foyer d'où elles sortent qu'il faut tâcher de trouver et d'étouffer.

Jusqu'à ce qu'on ait fait cela, on sera toujours sur un volcan.

A peine avais-je terminé cette phrase, qu'Ignatief reprend avec vivacité :

— Et où croyez-vous que soit ce foyer?

— Excellence, répliquai-je sans hésiter, le foyer du nihilisme n'est autre part qu'à Paris; c'est l'Alliance israélite universelle qui est à la tête du mouvement. C'est elle et pas d'autre.

— Ah bah! reprit Ignatief avec emphase (exprès pour me faire aller plus loin dans mes révélations), vous vous trompez; tous les révolutionnaires, et il y en a tant, font cause commune avec les nihilistes.

— Non, général, répliquai-je à mon tour vivement, il n'y a que les Juifs qui savent ce qu'ils veulent et qui ont de grands moyens d'action; les autres révolutionnaires sont des sentimentalistes plus ou moins inoffensifs.

Sachez, général, que pour les Juifs la question nihiliste est une question d'un intérêt capital, où se trouve engagé le judaïsme cosmopolite.

Après cette tirade, Ignatief se tut; il était évidemment au bout de son rouleau. Mais un instant après il s'arrêta et me dit d'un ton caressant :

— Seriez-vous en état de me fournir des

preuves à l'appui de ce que vous avancez?

— Oui, ajoutai-je, mais il me faudrait aller à Paris pour cela.

La conversation en était arrivée à ce point au moment où nous revenions à la hauteur du chalet. Ignatief se dirige alors vers les marches et prend congé en me disant :

— Allez trouver M. Plévé et causez-en avec lui.

CHAPITRE XIV

Plévé, chef de la police secrète. Entrevue. Je pars pour Paris.

Je connaissais déjà de vue M. Plévé, mais j'ignorais la partie qu'il faisait, puisque le ministre, en me le présentant, avait omis d'ajouter : « C'est le chef de ma police secrète. »

Je dus donc m'informer d'abord où l'on pouvait trouver au ministère le bureau de M. Plévé. Le domestique du comte à qui je m'étais adressé, m'expliqua que je pourrais trouver ce monsieur, depuis les onze heures du matin, à la Fontanka dans le local qu'occupait jadis la célèbre troisième section.

Le lendemain, à l'heure indiquée, je descendais devant la porte de la police secrète, sans m'en douter.

En entrant dans le vestibule, trois domestiques en livrée me barrèrent le chemin, en me sommant très poliment de leur dire qui je cherchais. Je tire sur cela ma carte, tout en prononçant respectueusement le nom de Plévé.

Un des suisses disparut avec la carte, les deux autres me gardaient à vue : quelques instants se passèrent ainsi ; mais aussitôt le suisse reparaît et me prie d'entrer.

En m'introduisant je suis reçu par un jeune secrétaire en habit de rigueur et décoré, qui s'appelait, comme j'appris ensuite, Isvoliansky. Ce jeune homme me souhaita la bienvenue et me pria de patienter un peu, jusqu'à ce que monsieur ait pu me recevoir.

Je dus me résigner à faire antichambre et assez longtemps, puisque les autres fauteuils étaient occupés par trois ou quatre personnages en grande tenue.

« Fichtre, dis-je en moi-même, où diable suis-je tombé ! »

J'étais le seul en civil; je me sentais aplati : pour me consoler, je me mis à admirer les épaulettes et les crachats des autres, les tableaux, etc.

Tous ces généraux défilèrent l'un après l'autre devant moi. Quand vint mon tour, le secrétaire me fit un signe et m'introduisit auprès de son chef.

M. Plévé était aussi en habit de rigueur; il portait une grosse plaque sur le côté. Le chef de la police secrète est un homme jeune encore, haut de taille et svelte : ses manières sont distinguées, mais un peu roides, ainsi qu'il convient à un homme dans sa position.

Plévé doit être d'origine étrangère, ainsi qu'en font foi son nom et sa physionomie. On le prendrait pour un Suisse. Les yeux châtain-gris, gros et un peu gonflés; lèvres prononcées, mais serrées; moustaches courtes, mais touffues.

Dans l'ensemble, c'est un bel homme et fort distingué : il est passé maitre dans l'art de maîtriser chaque regard, chaque geste et chaque parole.

Le travail qui pèse sur les épaules de cet homme est vraiment quelque chose de phénoménal : c'est une pyramide de lettres, de rapports, de dépêches, qui a l'immensité des frontières russes pour périmètre et Pétersbourg comme sommet. Cet homme doit tout lire, tout noter, tout analyser, tout trancher !

Espions et mouchards, policiers et gendarmes, gouverneurs et préfets, ajoutons aussi le ministre de l'Intérieur en personne, tous ont pour chef invisible Plévé.

Et ces fous de nihilistes qui s'acharnent à tirer sur Trepof, sur Mezensof, sur Drentlen, etc. Mais ces gens ne sont après tout que des mannequins qui servent à cacher le mystérieux Plévé, le pouvoir suprême invincible.

Le colonel Soudejkine, qui a été tué tout dernièrement, n'était point le chef de la police secrète, ainsi qu'ont voulu le faire croire les nihilistes et leurs organes à l'étranger.

Soudejkine était tout bonnement un limier

de la police, chargé de l'exécution d'ordres supérieurs.

Le vrai et le seul chef de la police secrète est M. Plévé, auquel obéissent tous les préfets de police de Saint-Pétersbourg, Moscou, Varsovie, etc. ; des Excellences qui portent en outre le titre de général aide-de-camp à la suite de S. M. l'empereur.

Malgré tous leurs titres, ces chefs de police sont tous soumis à un chef invisible, qui n'est autre que Plévé.

Si Plévé venait à manquer, il n'y aurait pas un homme en Russie qui pourrait le remplacer.

Le malheureux en a par-dessus la tête : en vain il prie et sollicite pour qu'on l'épargne, pour qu'on le laisse aller. Qui mettra-t-on à sa place ? Voilà la question.

En Russie, les capacités on les compte aux doigts : Plévé en est assurément une.

Le chef de la police secrète me reçut donc avec tous les égards dus à un homme que le comte Ignatief honorait de sa familiarité. Les premiers compliments une fois échangés de part et d'autre, Plévé entama le sujet m'annonçant que le comte était *disposé* à m'envoyer à Paris, pourvu que mes prétentions ne dépassassent les moyens dont pouvait disposer le ministère.

Ici, force nous est de nous arrêter un instant, afin de faire quelques commentaires sur cette entrevue qui constitue le premier anneau, le point de départ de toute une série de roueries, de tromperies et de saletés ayant pour but de profiter de notre dévouement et de nos capacités, pour nous trahir lâchement ensuite.

D'abord, l'on remarquera que la position prise dès le but par M. Plévé, n'est nullement correcte, puisque me traiter en postulant qui sollicite une place ou une mission, c'était intervertir les rôles.

Comment? la vie du Czar est en danger, la Russie est sens dessus-dessous, diplomates et policiers ne savent où donner de la tête, et voilà qu'on se met à faire des grimaces de maquignon avec un homme de bonne foi, avec un homme indispensable !

« Mais vous qui l'aviez compris, me dira-t-on, pourquoi avez-vous laissé faire, pourquoi n'avez-vous aussitôt mis Plévé à sa place ? »

Pour une raison bien simple, parce que je sais jusqu'à quel point les Russes sont capricieux et enfants : pour un rien ils sont capables de gâter n'importe quoi. Or, comme mes convictions, mes antécédents m'engageaient dans cette question, il me fallait céder afin d'assurer son triomphe final.

C'est ainsi que doit agir tout homme qui a des principes. Sauver la Russie en dépit d'elle-même, était pour moi un devoir.

Cela dit, revenons à nos pourparlers avec Plévé.

Je me bornai pour toute réponse à lui dire, qu'il m'était impossible de préciser la somme qu'il me faudrait afin de remplir une pareille mission. Evidemment, il n'était guère possible de prévoir les difficultés que je rencontrerais, ni les frais auxquels je devrais faire face. Je me bornais donc à demander de quatre à cinq mille francs.

Plévé répliqua qu'il prendrait à cet effet les ordres du ministre, et notre première entrevue fut ainsi close.

En sortant de nouveau dans l'antichambre, je me trouvai face à face avec le général Kozlof, le nouveau préfet de police, qui venait présenter son rapport et prendre des instructions de son chef invisible. Il portait sous le bras un énorme buvard.

Cette rencontre me causa un vif étonnement. Comme il était amoindri, ce préfet de Pétersbourg, dans cette antichambre! C'est alors que je compris toute l'importance de ce chef de la police secrète.

Ma deuxième visite chez Plévé eut lieu deux jours après. Cette fois ce monsieur employa la même tactique, qui consistait à donner aussi peu d'importance que possible à cette grosse affaire. A l'entendre, moi, je devais déjà aller à Paris pour vaquer à mes propres affaires; par conséquent il me serait facile de me charger également de cette *petite commission* pour le compte du gouvernement impérial.

Cela ressemblait comme deux gouttes d'eau à ce qui arrive souvent entre amis :

« Gustave, tu pars pour Paris ; je te prie, achète-moi deux bouteilles d'Eau des Fées, de chez Lubin ; en voici le montant. Tu seras gentil, n'est-ce pas ? »

L'affaire une fois réduite à ces proportions microscopiques, Plévé eut le toupet de m'offrir quatre cents roubles, soit douze cents francs, tout compris.

En ce moment, je sentis plus que jamais tout le poids de la pauvreté, et j'en frémis. Si j'avais eu alors quelques milliers de francs à moi, je me serais retourné contre cet écorcheur, contre ce Juif en frac, et je lui aurais dit :

« Gardez vos quatre cents roubles pour quelqu'un d'autre plus besogneux que moi ; je servirai l'Empereur à mes frais. »

Cela dit, j'aurais tout simplement tourné le dos à ce grand personnage.

Par malheur pour moi, Plévé et Ignatief savaient que je tenais trop à cette affaire ; que j'en étais épris de la même façon qu'un inventeur est plein de son idée, de son invention. Depuis dix années, je ne faisais que prêcher la guerre sainte contre les conquérants par l'usure : pouvais-je me retenir lorsqu'il s'agissait de les saisir par le collet?

Sapristi non! S'il avait fallu, je me serais mis à courir, nu-pieds et la tête découverte!

— Monsieur, répliquai-je à Plévé; il n'y a pas besoin que nous marchandions; donnez cinq cents roubles et je pars pour Paris.... Vous verrez si je tiens parole!

Le jour suivant, je dus retourner pour régler définitivement l'affaire. A mon arrivée, je fus prié de passer auprès du secrétaire, M. Isvoliansky, dont les bureaux venaient d'être transférés à l'étage supérieur. Là, je reçus contre quittance la somme de cinq cents roubles et un passe-port expéditif, qu'on me délivra entre quatre yeux, pour que je me dépêchasse.

Quant aux rapports que je devais expédier de Paris, on me recommanda de les envoyer sous pli, à l'adresse de Son Excellence, M.

Schorr, directeur-général des postes, *Saint-Pétersbourg*.

Le bon Isvoliansky pensait probablement que j'aurais été assez naïf pour adresser une lettre à M. un tel, chef de la police secrète, etc., etc., etc., *Saint-Pétersbourg*.

Je quittai Pétersbourg, le 3 septembre 1881.

C'est une date que la Russie doit considérer comme mémorable, puisque de ce jour commença cette mission qui devait aboutir à la découverte de la conspiration cosmopolite et au rétablissement de l'ordre.

Les policiers et les diplomates russes qui en furent confondus, eux aussi, devraient dorénavant commémorer le 3 septembre.

CHAPITRE XV

Le temple rue de Trévise, 35.

En arrivant à Paris, j'avais déjà mon plan arrêté. Je descendis dans un petit hôtel situé au coin de la rue Saint-Georges et de celle de la Victoire, au centre même de la juiverie parisienne, ou haute finance, comme on se plaît à l'appeler.

D'une de mes fenêtres, je plongeais mes regards sur le domicile du sieur Günzburg, honnête banquier et zélé israélite-russe ; de l'autre, j'enfilais le seuil même du temple de la rue de la Victoire.

Je n'avais donc qu'à mettre ma tête dehors

et voilà que toute une série d'ombres chinoises défilaient devant moi. C'étaient des commis, des courtiers, des petits crevés israélites, qui couraient affairés ou qui flânaient le long des trottoirs; des demoiselles Rebecca ou des dames Félix, qui tantôt sortaient, tantôt rentraient.

Je restais parfois des heures entières à contempler ce spectacle fort intéressant pour chacun, mais très instructif pour moi.

Vers le soir, le tour venait aux équipages qui stationnaient devant les demeures des habitués du Bois. C'est la baronne Ange, israélite, elle aussi, qui donnait le signal du départ; pourtant, elle était généralement la dernière à rentrer.

Au Sabbat, le jour du Seigneur, la scène changeait du tout au tout. Vers les dix heures du matin, les grilles gigantesques du temple ouvrent leurs bras hospitaliers aux enfants d'Israël, qui accourent en frac noir, cylindre et bottines vernies; les Jezabels et les Putifars, en toilettes haute nouveauté, se donnaient le bras.

Les landaus, les phaétons amènent au pas de course la cargaison charnue de ces dévots israélites, qui n'échangeraient guère leur peau avec celle du pauvre Job.

Mieux vaut rouler en équipage que de rester sans chemise et plein de lèpre pour plaire au Seigneur !

Ces princes de l'empire judaïco-parisien se saluaient, se faisaient la grimace l'un à l'autre dans le vestibule du temple. Oppern serrait la main à Dreyfuss ; Sarcey mettait la sienne sous le bras de Michel Levy ; Günzburg approchait sa tête de celle de Cahen d'Anvers : puis, tous ensemble montaient vers le seuil sacré, pour y jouer la comédie religieuse du Sabbat.

Une fois, je me souviens, l'envie me prit de me mêler à cette foule dévote et d'entrer dans la synagogue pour y jouir du coup d'œil. Puis je me ravisai ; la prudence calma mon entraînement.

Qu'aurais-je gagné en effet par ce spectacle ? J'avais bien d'autres choses à voir, à étudier et à fouiller !

Au lieu d'aller au temple, je me dirigeai un beau matin vers la rue de Trévise, à la recherche du fameux numéro 35, où est installée l'Alliance israélite universelle. C'est là où il y avait quelque chose de plus que des esquisses de mœurs à faire.

La rue de Trévise est plutôt difficile à trouver : c'est un coin solitaire au milieu d'un des centres tapageurs de Paris; elle se trouve au milieu, entre la rue du Faubourg-Montmartre, la rue Lafayette et le boulevard Montmartre.

Dans cette rue on est assez tranquille, tout en étant près du mouvement et des affaires. Des conspirateurs affairistes n'auraient pu mieux choisir leur lieu de rendez-vous. La maison n° 35 est une bâtisse sans prétentions. A sa porte l'on remarque deux longs écriteaux, l'un en langue russe, l'autre en français : ce sont les enseignes du nommé Jean Skwarzof, juif polonais, expéditionnaire, breveté.

Les bureaux de cet industriel furent la première chose que je tins à inspecter. Un juif, un Polonais qui fait l'expéditeur à l'ombre de l'Alliance, ça a l'air fort suspect.

En effet, de mon inspection, répétée à deux reprises, il resta acquis que Skwarzof et ses commis sont tous des Juifs, dont la spécialité est d'expédier en Russie n'importe quoi par des voies connues d'eux seuls. L'offre me fut faite avec empressement en ces termes :

« Si vous avez, Monsieur, des colis, des instruments, des machines...., nous nous chargeons de tout expédier à n'importe quelle destination. Partout en Russie nous avons des agents sûrs. »

Je remerciai ces gens courtois et je quittai leur mansarde, laissant derrière moi une forte odeur de nihiliste.

Le comptoir du commissionnaire se trouve au fond de la cour ; en revenant sur mes pas je m'arrêtai un instant auprès de la concierge. J'y rencontrai un petit Juif affairé à lunettes bleues (c'était un vrai type de conspirateur) : il venait chercher son courrier en toute hâte.

Cet intrus une fois éloigné, j'aborde la bonne vieille avec quelques questions fort discrètes.

Je demandai d'abord où se trouve l'Alliance et quand ces Messieurs se réunissent.

« L'Alliance israélite, répondit la concierge, est au deuxième au-dessus de l'entresol : ces Messieurs se réunissent ici chaque dix jours ; mais le secrétaire est visible tous les jours. Que Monsieur se donne la peine de monter. »

Je ne me fis pas répéter l'invitation deux fois ; d'un bond je me trouvai au bas de l'escalier de parade. En montant, mes yeux découvrirent sur une porte, à l'entresol, la carte d'un reporter viennois, Juif, comme de raison.

« Tiens, me dis-je en moi-même, c'est une vraie ruche de juivots : c'est bien ici leur quartier général. »

Arrivé au deuxième, je me trouvai en face d'une porte sans apparence aucune, sans plaque, sans rien. Comme il n'y en avait pas d'autre, je tire résolument le cordon de l'Alliance israélite universelle.

Aussitôt la porte s'ouvre et je suis reçu par deux commis qui parlaient français passablement bien. Le secrétaire était allé déjeuner ;

telle est la réponse que je reçus à ma première question.

L'occasion était bonne ; le berger étant absent, il fallait faire main basse sur les brebis. C'est justement ce que je fis, en tâchant de tirer des vers du nez à ces jeunes gens.

Cet interrogatoire me servit à arrêter bien des points importants par rapport aux membres de l'Alliance, sur le compte des Juifs de l'étranger qui viennent à Paris pour se concerter avec eux ; et bien d'autres détails encore.

Une autre chose que j'appris, tout en causant familièrement avec ces jeunes gens, c'est le pays de leur origine. Tous deux étaient de la Russie méridionale.

Or, cette agglomération de Juifs originaires de la Russie, soit auprès du commissionnaire, soit chez l'Alliance même, a son importance. C'est ce qui arrive auprès des états-majors à la veille d'une guerre : un tas d'individus originaires des contrées où l'on va faire la guerre commencent à circuler dans le camp et ses alentours. Un œil expert, par ce seul fait, peut deviner ce qui va se passer.

Si l'Alliance israélite universelle tient tellement à s'entourer de gens venant de la Russie, cela ne prouve-t-il pas que ses yeux de lynx sont tournés de ce côté-là ?

Après avoir fait une assez bonne récolte d'informations et une excellente reconnaissance du local et de ses approches, je crus prudent de battre en retraite.

Quand on a affaire à un ennemi si fin, si soupçonneux, il faut être d'une extrême circonspection : car la moindre chose peut vous trahir ; et alors le résultat final est compromis.

Ce à quoi je devais viser avant tout, c'était de pouvoir saisir par un moyen quelconque des documents qui constatent la part jouée par l'Alliance dans les troubles chez nous. Or, pour atteindre ce but j'avais déjà mis les machines à l'œuvre : il fallait donc en attendre avec patience les résultats.

CHAPITRE XVI

Découverte. Blocus de la frontière. Réseau de comités.

Je ne dois pas omettre ici de dire que, dès les premiers jours de mon arrivée à Paris, j'étais allé avertir l'ambassade du but de ma mission.

On pourrait être porté à croire que, par cette démarche, je tenais à m'initier dans les bonnes grâces de messieurs les diplomates. Eux, à coup sûr, l'ont ainsi interprété : mais mon but réel était tout autre. Je tenais à constater d'une manière irréfutable leur complète ignorance par rapport à une question qui était exclusivement de leur ressort.

Je tenais à m'assurer d'avance que personne avant moi ne se doutait de ce que c'est que la question judaïco-nihiliste.

En effet, notre consul général, à qui je m'adressai pour des renseignements, plaida son ignorance en pareille matière et me recommanda de m'aboucher avec le comte Kapnist, premier secrétaire de l'ambassade.

Kapnist, quoique diplomate, m'avoua franchement qu'il n'avait jamais considéré la question nihiliste de ce point de vue; il me promit pourtant de me procurer quelques renseignements utiles en sondant les Juifs avec lesquels il était en rapport.

Cet aveu, c'est tout ce que je désirais : aussi le comte ne m'a plus revu. Sans qu'il s'en doutât, moi j'avais déjà jeté mes filets et j'étais sur le point de les tirer sur la plage.

Voici comment s'est réalisée une découverte qui a sauvé la Russie et qui servira à ouvrir les yeux au reste de l'humanité. Cette fois le fantôme judaïque a été saisi en flagrant délit; la torche d'une main, le poignard de l'autre. L'incendiaire, qui a mis le feu impunément à la maison de l'un et de l'autre, a été enfin pris par le collet et dénoncé au monde entier.

J'ai à Paris de vieilles connaissances à moi, des Français pur sang, qui s'occupent d'affaires commerciales et aussi de finances. Par ce fait, ces messieurs se trouvent souvent en rapport avec les Juifs de la haute et de la petite finance.

De ces relations suivies, il est résulté une certaine intimité, de forme seulement, car le Français sait assez bien tenir à distance le Sémite rampant. Ainsi, au fond, il existe toujours une hostilité latente entre le groupe français et le syndicat juif de la Bourse.

Cette hostilité s'est révélée, si l'on s'en souvient, par l'échauffourée dont Bontoux a été le héros et aussi la victime.

Profitant donc de cette disposition des esprits, je fis part de mes projets à mes amis français et tous d'accord nous mîmes la main à l'œuvre.

Un jeune Juif, aux allures dégagées, mais un peu nigaud, devint notre instrument; et cela uniquement à force de cajoleries et au prix de quelques dragées judicieusement administrées. Ce jeune homme était une vraie trouvaille, car il était bien lancé au milieu de la ligue israélite et avait accès aux bureaux même de l'Alliance.

Et le pauvre comte Kapnist qui m'attendait pour me donner ses propres renseignements, l'essence de sa finesse diplomatique !

Mes amis ne traînèrent point les choses au long ; car, quelques jours après, ils m'invitèrent à passer la soirée chez eux, où l'on m'avait ménagé une agréable surprise.

Sur une table, entre deux lampes flamboyantes, je vois quatre gros cartons, numérotés, etc. Hippolyte en ouvre un et me dit :

— Lisez, c'est cela que vous cherchiez ?

Que vois-je! j'eus de la peine à croire à mes propres yeux ! Cela venait tout frais de l'étude d'un des chefs de l'Alliance israélite universelle : c'était une série de dépêches, de rapports, de notes et de listes; et tout cela authentique avec dates, signatures et tout.

— Il vous est permis, me dit sur cela un autre des frères, de copier et de prendre vos notes, mais dépêchez-vous, car à minuit tous ces cahiers doivent être restitués et remis à leur place. »

Je me jette aussitôt sur ces paperasses avec la rage d'un affamé; mais je fus vite désenchanté, puisque la plupart de ces documents avaient trait à des œuvres de bienfaisance, telles qu'écoles, hôpitaux, secours, etc.

Mais, à fur et mesure que je fouillais, les choses changèrent d'aspect: petit à petit des rayons de lumière commencèrent à percer à travers ce galimatias de notes et de chiffres.

Afin de pouvoir mieux démêler le nœud gordien, je me mis à classifier la matière par région, France, Italie, Allemagne, etc. Mais en vain je cherche la Russie; elle avait été omise à dessein.

C'est le point brûlant que les conspirateurs

de l'Alliance doivent soigneusement cacher, et ils savent bien pourquoi !

Intrigué et vexé par cette lacune, il ne me restait qu'à me rabattre sur les pays limitrophes, l'Allemagne et l'Autriche. A force de patience et de sueur, je réussis à trouver les noms des comités de l'Alliance établis sur la frontière : en plus, je découvris quelques lettres et rapports émanant des représentants de l'Alliance dans ces régions, d'une nature fort compromettante.

Quatre heures de travail assidu me valurent un butin d'une trentaine de pages. Chargé de ce riche butin (plus quelques pièces originales que je crus de mon devoir de m'approprier[1]) je fus de retour à mon logis, où je continuai à travailler jusqu'au matin.

Je ne dois pas oublier de dire que les rendez-vous chez mes amis furent répétés à trois reprises ; et que, chaque fois, les pièces étaient renouvelées. Quant au jeune homme complaisant qui nous traitait avec de telles

[1] Ces originaux sont en notre possession : nous n'avons pas cru devoir les confier à M. Plévé.

friandises, je ne l'ai jamais vu, ni lui non plus, il ne m'a point vu.

Mes amis avaient monté le coup avec une habileté de vrais Boscos. Ils ont vengé leur Bontoux d'avance!

Avec toutes ces données à la main, j'eus pourtant une rude besogne à faire avant de pouvoir coordonner le tout, pour en tirer un plan concret et logique.

Je ne pus en venir à bout qu'en me procurant une carte exacte et minutieuse de la frontière russo-allemande. Sur cette carte je dus fixer avec des épingles et de la cire rouge tous les comités juifs, locaux, régionaux, etc.

C'est un vrai travail d'officier d'état-major, que j'entrepris là; et je défie n'importe quel diplomate ou quel autre officier d'en faire autant! Pour découvrir ce réseau de comités, qui bloquait la frontière russe, il fallait se connaître dans la partie.

Or, voici ce qui a été reproduit sur la carte dressée par moi, d'après les documents saisis à l'Alliance israélite universelle.

Depuis l'année 1872 [1], Crémieux avait formé un cordon épais de comités juifs, qui, partant de Memel sur la Baltique, enserraient étroitement la frontière russe, s'étendant jusqu'à Brody, en Autriche.

Pour mieux diriger leurs opérations sur une si vaste zone, les conspirateurs de l'Alliance, en vrais Moltke, l'avaient divisée en zone de gauche et de droite.

Celle de gauche avait Königsberg comme quartier général, et celle de droite la petite ville de Liegnitz, un peu en arrière de Breslau.

Le général commandant en chef (il faut bien l'appeler ainsi) à Königsberg, n'est rien moins que le Dr Bamberger, rabbin et délé-

[1] Et que dire de ces Juifs parisiens, de ces faux patriotes, de ces faux Français, qui le lendemain même de l'*année terrible*, s'apprêtent à faire sauter le seul allié qui puisse encore tendre la main à la France meurtrie et ensanglantée !

Comme on voit, les Crémieux, les Rothschild, les Jules Simon, ont un patriotisme à eux.

Israël avant tout : puis viennent leurs autres patries d'adoption, d'exploitation pour mieux dire.

gué avec plein pouvoir par l'Alliance israélite de Paris.

Son collègue, commandant le quartier général de Liegnitz, c'est l'illustre Dr Landsberg, lui aussi délégué de l'Alliance.

L'avant-poste de l'armée juive s'était placé à Memel même, et il était sous le commandement d'un Dr Rülf; là, existent de vastes dépôts, des hôpitaux, des écoles, etc.; enfin c'est une vraie base d'opérations, ainsi que cela se pratique dans les armées, lorsqu'on est sur le point d'entreprendre une guerre offensive.

De son avant-poste de Memel, Rülf se trouvait au cœur même de la Russie, tout près de Mittau et de Vilna, à moitié chemin à peu près entre l'extrême frontière et Pétersbourg.

De ce point, admirablement choisi, ce lieutenant de l'Alliance faisait sa propagande et poussait les comités juifs de Russie, qui à leur tour poussaient les nihilistes.

Ainsi, pendant que Plévé et ses policiers battaient la campagne et surveillaient les grands chemins, les agents de Rülf filaient tout tranquillement par mer et par terre, et s'en retournaient sans que personne les eût vus.

Ce manège se faisait également tout le long du cordon d'investissement; puisque pour les Juifs, dont les repaires sont adossés à la frontière, il n'existe point de frontière : ils vont et viennent à leur aise comme des loups ou des chacals.

D'un côté il y a des Juifs, de l'autre côté il y a des Juifs ; d'où diable tirer la ligne de démarcation, la muraille qui doit séparer les juifs russes des juifs-allemands? Comme on voit, la frontière n'existe en pratique que pour ces jobards qui font sentinelle avec un sérieux imperturbable.

Le Prussien crie au Russe : Halte-là! et celui-ci doit s'arrêter; si le Prussien se présente, le Cosaque l'arrête également. Pour les petits Juifs, il n'y a rien de pareil : la liberté absolue n'est que pour eux et ils en profitent, mettant le feu aux maisons d'autrui!

Que l'on remarque que ce cordon invisible de blocus constitue la base sur laquelle s'appuie le mouvement nihiliste tout entier.

En effet, les cinquante-six comités adossés à la frontière russe, agissaient en toute liberté, ne pouvant nullement être atteints par Plévé et ses agents : ils la lui ont faite à la barbe depuis huit ans et ils auraient à coup sûr continué, si on ne les avait enfin saisis [1].

Libres donc dans leurs mouvements, ces comités extérieurs soutenaient et poussaient les comités juifs secrètement organisés en Pologne, et dans les autres gouvernements limitrophes à la frontière.

Dans la seule Pologne il y a 1,019,000 juifs !

Ce chiffre à lui seul suffit pour donner une idée de la puissance de ce double réseau de comités israélites, qui obéissent aux ordres du comité central de l'Alliance, siégeant à Paris.

Enfin, c'est le deuxième réseau de comités judaïco-russes, qui à son tour soutient et pousse les comités soi-disant nihilistes.

Ces derniers comités, ce sont les comités d'attaque, pour ainsi dire, formés par des

[1] Voir Table en appendice.

Russes ; les Juifs n'y entrent qu'à titre d'instructeurs et d'organisateurs, ainsi que cela se pratique lorsqu'on organise de nouvelles troupes avec des cadres formés d'étrangers.

Experts et habiles dans l'art des conspirations et dans l'organisation des sociétés secrètes, les Juifs devaient nécessairement prendre la haute direction des forces nihilistes.

A présent que les lecteurs connaissent l'organisation des comités judaïco-nihilistes, telle qu'elle a été découverte à Paris, en octobre 1881, il est temps de reprendre le fil des événements afin d'en voir les résultats.

CHAPITRE XVII

Grand émoi. Lettre de Plévé. Trahi par Ignatief. Fuite de Paris.

Au fur et à mesure que je tirais mes renseignements et mes conclusions, la poste recevait de grosses enveloppes recommandées, à l'adresse de Son Excellence M. Schorr, mais destinées à M. Plévé, chef de la police secrète[1].

A la réception de mes rapports, il y eut grand émoi à Pétersbourg, au sein des cercles gouvernementaux. Plévé et Ignatief sau-

[1] Le nombre de rapports ainsi adressés est de huit, datés des 11, 13, 21 septembre, 2, 6. 13, 18. 25 octobre.

tèrent de leurs sièges et restèrent abasourdis. Aux ministères de l'intérieur, des affaires étrangères et de la guerre, on s'arrachait mes rapports et ma carte, au milieu d'une stupeur générale.

Des crapauds de Juifs qui s'étaient permis de bloquer la grande, la sainte Russie, et qui la minaient sous terre! Mais il y avait là vraiment de quoi perdre la tête.

Sur-le-champ on expédia de Pétersbourg des émissaires dans toutes les directions, et surtout au delà de la frontière, en Allemagne, avec des instructions précises, basées sur mes rapports, afin de constater *de visu* tout ce que j'avais signalé.

Les ambassadeurs de Berlin et de Paris furent aussitôt secoués de leur léthargie par des dépêches, coup sur coup, qui leur enjoignaient de donner la chasse à l'ennemi, en coopérant avec les efforts de la police.

On sera curieux de savoir, sans doute, comment de Paris j'ai pu être au courant de ce qui se passait à Pétersbourg, et voir de mes yeux les résultats prodigieux de ma découverte.

Ce que je n'ai pas vu de mes propres yeux, je me l'explique au moyen d'une lettre que M. Karzof, consul général de Russie, me remit le 10 octobre de ses propres mains. Cette lettre, qui portait en gros caractère la signature *Plévé*, aurait ici tout prouvé : c'est justement pour cela qu'elle m'a été enlevée par ordre de son signataire.

Nous reviendrons à cet habile tour d'escamotage en temps et lieu convenables.

La lettre de M. Plévé était datée du 5 octobre, de manière qu'elle avait été écrite sous le coup de sensation produite par mon rapport du 21 septembre, qu'on reçut à Pétersbourg le 26.

Nous reproduirons ici cette lettre, telle qu'elle est restée gravée dans notre mémoire en caractères ineffaçables.

D'abord M. Plévé, voulant jouer au fin, commence par un tout autre sujet ; c'est-à-dire que d'abord il accuse réception d'un exemplaire de mon ouvrage, « les Imams et les Derviches, » que je lui avais envoyé de Paris.

Cela fait, Plévé s'exprime ainsi par rapport à la grosse affaire :

« Je dois ici vous exprimer en outre ma *vive reconnaissance*, pour les renseignements donnés par vos rapports sur l'Alliance israélite universelle.

« Néanmoins, vu l'importance de la question et la nécessité pour nous de vérifier sur les lieux avec le plus grand secret les faits constatés dans vos rapports, nous devons vous prier, monsieur, d'attendre, jusqu'à ce que nous soyons en état de vous faire connaître nos dispositions ultérieures, etc., etc. »

Le fait, qu'un homme aussi circonspect, aussi collet-monté, que le chef de la police secrète, se soit décidé à écrire une pareille lettre, suffit à lui seul pour prouver que nos rapports mirent, comme nous disions tout à l'heure, sens dessus-dessous les policiers et les diplomates de la Néva.

La découverte venait enfin d'être faite; le grand problème venait d'être résolu; la révolution était vaincue et la Russie sauvée.

Il y avait là vraiment, comme l'on conçoit,

de quoi faire perdre la tête même aux esprits les plus calmes et aux calculateurs les plus froids.

Cette lettre de Plévé me ravit, comme de raison; pourtant, elle produisit sur moi le double effet d'un courant d'eau chaude suivi d'eau froide. Ces remerciements me plaisaient, néanmoins, je ne pouvais m'empêcher de pressentir que derrière ces *néanmoins*, *vos*, *qui*, *que*, *quoi* se cachaient des pièges du chef de police.

J'avais pourtant une foi robuste, sinon dans la loyauté, au moins dans l'amitié qui depuis de longues années existait entre Ignatief et moi. C'est cette considération qui servait à me rassurer et à me bercer d'illusions sur ce à quoi je devais m'attendre de Pétersbourg.

« Ah! voyons donc, me disais-je, le gouvernement ne peut pas se passer de moi; Ignatief m'aime; à présent tout ira sur des roulettes: je ferai voir à ces Juifs.... »

Avec la tête pleine de pareilles illusions, je fus assez naïf, je dois l'avouer, pour ne pas comprendre qu'Ignatief et Plévé étaient inséparables; c'est-à-dire qu'ils ne pouvaient se passer l'un de l'autre et, que, par conséquent, leur intérêt commun était de tirer de moi tout ce qu'ils pourraient et de me lâcher ensuite.

Pouvaient-ils avouer que ce n'était pas eux, qui avaient découvert et dompté la révolution, mais que c'était un profane, un étranger? Mais, jamais de la vie!

Il saute aux yeux donc que le ministre et le chef de la police secrète ont dû rédiger ensemble la fameuse lettre, en vue de s'assurer les avantages suivants :

1° Me cajoler pour que je continue à travailler et que je complète mes découvertes.

2° Me faire dépenser ce qui me restait, et m'empêcher par cela même de retourner à Pétersbourg.

C'est cela justement qui est arrivé.

Deux mois et demi se passèrent sans que j'eusse cessé de travailler pour le bien de la Russie et de son gouvernement, qui pourtant ne se souciait plus de donner signe de vie.

En vain j'adressai des lettres séparées et

bien recommandées, tantôt à Ignatief directement, tantôt à son aide, les suppliant de ne pas m'abandonner et de m'envoyer ce qu'il me fallait pour rebrousser chemin. Il ne s'agissait que de cinq cents francs!

Les deux scélérats (il est temps, je crois, de les appeler ainsi) faisaient l'oreille de marchands ou de banqueroutiers, ce qui est plus juste.

J'étais trahi par Ignatief; il n'y avait plus guère de doute pour moi.

Après m'avoir fait descendre au fond d'un précipice, il me coupe avec délibération la corde pour me faire périr. Après avoir profité de mes connaissances, de mon zèle et de mon dévouement, le traître m'abandonne au milieu de nos ennemis, qui avaient déjà pris l'éveil et me guettaient!

Méprisant le danger, j'ai pourtant tenu ferme jusqu'au 16 novembre; alors, à bout de ressources, je dus quitter Paris pour me diriger sur Marseille.

Sans l'aide de mes bons amis français, il m'aurait été impossible de partir : à l'ambassade on me refusa même un secours de cent francs ! Après le tour que j'avais joué à messieurs les diplomates, je devais m'y attendre.

Rien n'exaspère l'homme autant que de se voir joué, que de passer pour un imbécile.

Aussi l'ambassade fut-elle à cette occasion inexorable envers moi.

CHAPITRE XVIII

Péripéties en Bulgarie.

Mes lecteurs seront sans doute curieux de savoir pourquoi, en fuyant, je pris la direction de Marseille, au lieu de m'en aller quand même, en dépit de Plévé, à Pétersbourg.

Comme je ne veux rien cacher, je dirai de suite que le calice étant plein, j'en étais arrivé à ne plus vouloir entendre le nom de Russes ou de Russie.

« Voici bientôt dix années, me disais-je, que tu sers ces gens avec zèle et désintéressement ; et qu'est-ce que tu en as? Tu as écrit sept ouvrages ; tu as rempli les journaux de leurs louanges ; tu leur as donné Kars ; à présent tu sauves la Russie, le Czar et sa famille d'une nouvelle catastrophe ; et voilà qu'on te trahit, on t'abandonne sur le pavé de Paris !!

« Mais, tourne la tête avec dédain, abandonne-les, toi aussi, à ton tour, et vas mendier de pays en pays ce pain que des lâches t'arrachent de la bouche ! »

C'est ainsi que je me dirigeai vers Marseille dans l'espoir de pouvoir atteindre de là, soit la Grèce, soit la Tunisie, des contrées où, si l'on ne trouve rien à faire, au moins on ne court pas risque d'y mourir gelé.

Mais, une fois à Marseille, je dus renoncer à mes projets d'outre-mer, vu qu'en Tunisie il n'y avait plus rien à faire, et que l'argent me manquait pour payer mon nolis jusqu'au Pirée.

Il ne me restait plus d'autre alternative que celle de me diriger vers Belgrade, où au moins j'étais sûr de trouver un morceau de pain auprès de ma famille.

Le voyage fut une vraie et honteuse déroute ; honteuse bien entendu pour la Russie, car celui qui a vaincu à Kars et qui l'a sauvée, fut obligé d'abandonner son bagage à l'hôtel Beauvau, et dut mendier de pays en pays, déshonorant le nom russe.

D'abord à Marseille, je dus commencer par tendre la main aux Grecs; avec les fruits de cette première quête, j'eus de quoi payer le bateau qui touche à Gênes.

Dieu, qui ne m'abandonne jamais dans les situations les plus désespérées, envoya à mon aide un Arabe du Maroc, qui eut pitié de ma situation, et, une fois à Gênes, me remit ce qu'il fallait pour continuer ma route jusqu'à Venise.

Le peu que je connais d'arabe me fut d'une grande utilité en cette circonstance.

A Venise et à Trieste, nouvelle quête. Dans cette dernière ville, M. Malaïne, consul de Russie, resta ébahi en lisant la fameuse lettre de Plévé. Le brave et excellent homme m'aida de son mieux, et m'exhorta à retourner en Russie où l'on finirait, disait-il, par me rendre justice.

Oui, si tout le monde était aussi honnête et aussi bon que Malaïne.

J'arrivais quelques jours après à Belgrade, auprès de ma femme, où je me croyais au terme de mes péripéties. Mais il ne me fallut guère longtemps pour me faire revenir de mon erreur, et me montrer qu'un homme qui vient les poches vides, est mal reçu même par les siens.

En vain je fis de mon mieux, afin de leur expliquer comment j'étais victime de mon dévouement envers le Czar et que je n'avais fait que mon devoir.

On m'expliquait et avec raison, qu'on en avait assez de mes malheurs et de ma mendicité : « Vous servez la Russie, vous faites ce que personne ne fait, et pourtant, vous n'avez pas de pain à donner à votre femme et à votre enfant ! »

Ces reproches m'arrachèrent les larmes des yeux et m'empêchèrent de dormir cette nuit-là. Le lendemain, de bonne heure, je me dérobais de la maison de ma femme, que je n'ai plus revue depuis.

La malheureuse mourut bientôt après, sans

que j'aie pu la secourir et l'embrasser dans ses derniers moments.

Mais qu'est-ce que cela fait à Ignatief ou à Plévé que les femmes et les enfants des autres se meurent de misère, pourvu qu'eux et leurs dames roulent en équipage et que leurs moutards trottent sur des poneys !

De Belgrade, je descendis le Danube, me rendant à Lom-Palanka et Sofia. Nous étions déjà au 20 décembre, les bateaux étaient sur le point de mettre un terme à leurs courses ; car les voyages étaient devenus fort difficiles à cause des froids et du brouillard qui couvrait le fleuve.

Quand j'aurai dit que j'étais légèrement habillé et encore plus mal pourvu d'argent, on aura une idée de ce que je dus souffrir durant cette traversée.

Je ne souhaite à personne, pas même au comte Ignatief, ni à son chef-mouchard, l'agrément de voyager en troisième ; enviant les jardiniers et les ramoneurs bulgares, qui au moins avaient de bonnes pelisses et trinquaient dur !

Trois nuits je fus retenu à bord du bateau dans des conditions si pénibles ; en mettant le pied sur l'échelle de Lom, je croyais naître à une nouvelle vie. Trompeuse joie, vaine illusion !

Quelques heures seulement suffirent pour me montrer que, quand on est pauvre et malheureux, on souffre partout, excepté sous terre, dans la tombe, bien entendu.

Dans cette saison, pour franchir le Balkan et aller à Sofia, il faut trois jours et une centaine de francs au moins. Comme tout mon avoir ne dépassait guère les douze francs, je dus avant tout songer aux moyens de me procurer quelques fonds.

Je commençai par donner deux conférences dans un estaminet : les recettes en furent si maigres, que bon gré mal gré je dus avoir recours aux moyens héroïques, à la mendicité, c'est-à-dire.

Après avoir frappé de porte en porte, je me trouvai être en possession d'une quarantaine de francs. Pour compléter la somme, je dus vendre ma montre, mon parapluie et d'autres petites choses; je dus aussi abandonner tous mes effets entre les mains d'un hôtelier arménien, un individu fort exigeant et peu poli.

Ce n'est qu'à ce prix et après avoir perdu une dizaine de jours, que je pus me sauver de Lom-Palanka et entreprendre le voyage jusqu'à Sofia.

En faisant son entrée dans la capitale de la Bulgarie, le vainqueur de Kars, le sauveur de la Russie, ne possédait d'autre bagage qu'une chemise, deux mouchoirs et deux paires de chaussettes, enveloppées dans du papier!

Une scène même s'ensuivit au milieu de l'obscurité, entre lui et le cocher. Pour quelques francs de moins, ce dernier fut sur le point de nous remettre aux aimables soins des sergents de ville.

Souffrances corporelles, souffrances morales, privations de toute sorte, humiliations sans fin, voilà la belle récompense pour tant de dévouement et tant de zèle. Si j'avais été condamné à la déportation en Sibérie, je n'aurais guère souffert davantage.

Le lendemain de mon arrivée, je dus nécessairement aller frapper à toutes les portes, en criant : « Une aumône par charité à votre écrivain, à votre soldat, à votre factotum. »

Toutes les portes s'ouvrirent, je dois l'avouer à l'honneur du peuple bulgare, de façon que j'eus de quoi faire face à mes besoins les plus pressés, et je pus m'installer chez le père Vasof, où je passai le reste de cet hiver, 1882, bien chauffé et bien logé.

La lettre de Plévé, qui ne m'avait pas encore été volée, me fut d'une grande utilité. Le bon Ilitrovo, notre consul général, à la vue de ce document, me remit un subside de quatre-vingt francs, en y joignant ses félicitations.

Les communications sur le Danube à peine rétablies, je me hâtai de me rendre à Roustchouk dans le but d'y tenir quelques conférences et de passer de là à Bucharest.

Cette fois j'eus la malencontreuse idée de chosir comme sujet de ma première conférence : « Les nihilistes, » sujet alléchant, qui devait remplir ma salle.

A peine ce titre fut-il annoncé pour la première fois *urbi* et *orbi*, qu'aussitôt arrive une dépêche du premier ministre bulgare, conçu en ces termes :

« Défense à Osman-Bey de parler. »

Celui qui me mettait ainsi arbitrairement la muselière, n'était nullement à Sofia, mais à Pétersbourg. Car ce n'est qu'Ignatief et Plévé qui pouvaient redouter quelque indiscrétion de celui qui avait dompté les nihilistes.

Afin de regagner ma liberté d'action et de flanquer du côté la muselière que l'on venait de me passer au cou, je pris le premier bateau qui était sur le point de partir pour Giurgevo et de là je me rendis à Bucharest.

« Dans un pays libre, indépendant et constitutionnel par-dessus le marché, on me laissera parler, » me disais-je. Il est bon que je n'aie fait aucun pari ; autrement je l'aurais perdu, comme on verra bientôt.

CHAPITRE XIX

Bucharest. Mes malheurs. Lettre de Plévé volée.

La première chose que j'eus soin de faire en arrivant à Bucharest, ce fut d'aller me présenter au ministre de Russie, le prince Orouzof, un jeune diplomate que sa mère et son précepteur *ont fait tout petit, pour mieux le faire*, comme dit Alfred de Musset.

C'est une de ces abeilles de la diplomatie, qui se connaissent mieux dans l'art de piquer que dans la production du miel.

A peine le ministre eût-il reçu ma carte, qu'il me fit entrer dans son cabinet. Tant d'honneur ne me fut accordé qu'à titre de curiosité : le prince voulait voir de ses yeux le fameux Osman-Bey, dont on a assez parlé en Russie.

Notre entretien n'eut rien de particulier; excepté l'annonce que je fis au prince de mes prochaines conférences. Mon interlocuteur se montra fort peu communicatif: ce fut pour moi un indice qu'il y avait du feu sous les cendres et que je devais me tenir sur mes gardes.

Orouzof avait pour instructions de lutter contre moi: c'est justement pour cette raison qu'il désira me voir de ses propres yeux. Après cela, jamais il ne s'est plus montré, excepté le jour bien entendu où il dut me voir pour me donner le dernier coup.

Mon Dieu! mon Dieu! me voilà devenu un ennemi de la Russie, en dépit de moi, à mon corps défendant. On me surveille, on me donne la chasse, on me laisse mourir de faim, comme si j'avais été un Hartman! Quel triste sort que le mien!

Croyant m'être en quelque sorte concilié la légation, je loue aussitôt une salle et je lance mes programmes et annonces. Ma première conférence devait être sur la prise d'assaut de Kars ; l'autre, celle sur les nihilistes.

Le gouvernement impérial de Russie et le gouvernement royal de fraîche date de Roumanie, vu la gravité de la situation, jugèrent opportun de se donner la main en vieux et bons alliés. Ils décidèrent là-dessus dans un but d'intérêt commun, de me fermer la bouche, au mépris même des lois qui régissent ce royaume.

Voici comment les deux gouvernements s'y prirent. La conférence sur Kars devait être empêchée en employant des roueries, ayant un effet négatif et préventif. Pour celle sur les nihilistes, on s'en remit à l'habileté du chef de la police, Radu-Mikhal, une sorte d'épicier en lunettes, qui a l'ambition de compter pour quelque chose.

Un certain colonel Xidas, commandant la place de Bucharest, vint nous offrir son patronage pour la conférence sur Kars. Cet aimable Judas poussa la courtoisie jusqu'au point de se charger des invitations pour le corps des officiers, les établissements militaires et aussi pour les aides-de-camp de Sa Majesté.

Le soir de la conférence, le commandant de place fit acte de présence en uniforme flamboyant: il se promena dans la salle pendant trois bons quarts d'heure et ne s'en alla qu'après s'être assuré que le coup avait réussi; c'est-à-dire que pas même un chat ne viendrait.

Le *Romanulu*, en sa qualité d'organe ministériel, prit sur lui de détourner les quelques civils qui auraient pu être curieux de savoir comment a été prise la forteresse de Kars. Un entrefilet de fort mauvais goût suffit pour éloigner tout le monde de la salle.

Les gens du *Romanulu* ont eu tort d'oublier tout ce que leur pays doit aux vainqueurs de Kars et particulièrement à l'auteur de *la Conquête du monde par les Juifs*, etc., etc.

Mais que doit-on attendre de la part de gens tels que Rosetti et consorts, des singes parisiens et rien de plus; Rabagas hier, millionnaires aujourd'hui; des fanfarons qui se vantent d'avoir refoulé les Turcs, tandis qu'ils permettent à 400,000 Juifs de leur sucer jusqu'à la dernière goutte de sang!

Grâce à toutes ces intrigues, notre conférence sur Kars fit, comme de raison, fiasco; nous faisant perdre en même temps les quelques francs que nous possédions. Voyons, à présent, comment le brave Radu-Mikhal, va s'y prendre, afin de faire échouer l'autre conférence.

La constitution de la Roumanie garantit la liberté de la parole et le droit de réunion, au point de vue théorique seulement; car, au point de vue pratique, il existe un codicille accroché à la constitution, qui équivaut à ceci:

« Le gouvernement s'arroge le droit, quand bon lui semble, de fermer la bouche et de taper sur tout conférencier, nécromancien ou pétroleur, qui voudrait se prévaloir du droit de parler ou bien de pirouetter devant le public.

« Le préfet de police a des pouvoirs discrétionnaires dans de pareils cas. »

Agissant en vertu de ces pouvoirs discrétionnaires, M. Radu-Mikhal avertit les propriétaires des salles de Bucharest de renvoyer poliment à la police tout individu qui voudrait louer leur établissement.

C'est là, en effet, que je me vis renvoyé par les propriétaires de la salle où je devais parler des nihilistes.

M. le chef de police me donna à entendre, sans ambages, que ma conférence ne saurait être permise qu'à une seule condition : c'était que je pusse exhiber un mot venant de la part de la légation de Russie, où l'on se déclarât satisfait que monsieur un tel parlât du nihilisme.

— Apportez-moi, me dit ce beau Radu-Mikhal, un petit, *tout petit mot*, de la part du prince Orouzof, et alors vous êtes libre de dire tout ce que vous voudrez.

Ça, c'était dépasser toute limite ; c'était tout bonnement se moquer du monde !

Comme je vis que la force voulait à tout prix primer le droit, il ne me resta autre chose à faire que de m'en aller, tout en protestant hautement contre l'arbitraire d'un tas de parvenus, que moi-même j'ai aidé à devenir ce qu'ils sont !

Tel est le monde! Hier esclaves, aujourd'hui maîtres; hier opprimés, aujourd'hui oppresseurs!

En sortant de chez le préfet, j'entends les gamins, qui criaient à gueule ouverte :

« Romania libera! Libera! Libera! »

Quelle ironie, n'est-ce pas!

A la suite de toutes ces avanies et injustices dont je fus victime, ma misère arriva à son comble. Dans les grandes villes la misère est plus sensible, plus poignante que dans les campagnes ou dans les petits centres.

Cette fois-ci, je fus mis à la porte par deux hôteliers, dont il m'était impossible d'acquitter les notes : aussi me trouvai-je sur le pavé de Bucharest sans habits ni abri.

Je dois dire que, avant d'arriver à une telle extrémité, je me permis de présenter une requête au roi Charles Ier, qui me connaît personnellement d'ancienne date. Mais le roi fut impuissant à rien faire en ma faveur, car la moindre aide qu'il m'aurait donnée en pareille circonstance pouvait le brouiller avec son puissant voisin.

— Comment! se serait récrié Orouzof, Osman-Bey est notre propriété : ce n'est que nous qui avons le droit de pousser devant lui la gamelle, ou de la lui retirer de dessous le nez, si cela nous plaît!

Abandonné de tous, privé même des moyens de gagner quelque chose, il m'était impossible de continuer la lutte. Je dus donc songer à capituler.

Je sollicitai aussitôt une entrevue de Son Excellence le ministre, dans le but de faire valoir mes droits à la sollicitude du gouvernement impérial et prier le prince de m'aider à rentrer en Russie.

Pour donner plus de force à mes arguments, j'eus soin, en allant à la légation, de m'armer de la lettre de Plévé, devant laquelle tout incrédule devait baisser la tête et tout cœur d'acier devait se fondre.

Voici la scène, où la fameuse lettre va disparaître; je la décrirai telle qu'elle s'est passée, afin que mes lecteurs puissent la goûter et la saisir dans toutes ses finesses.

C'est un vrai coup de main à la Robert Houdin!

Le prince Orouzof, averti d'avance de ma visite, de son but et de ce que je tenais à lui soumettre, sort aussitôt de son cabinet et vient me trouver à la chancellerie. Le ministre avait l'air préoccupé, très pressé; il avait le chapeau sur la tête et les gants à la main.

En s'avançant vers moi, il me prie de passer dans la chambre de son premier secrétaire, un blanc-bec insolent, qui sort avec dépit et nous laisse en tête à tête, moi et le ministre.

Orouzof écoute avec attention ce que j'avais à lui dire; prend la lettre de Plévé, plus la carte des comités nihilistes, et les examine avec attention. Puis, tout à coup, il lève les yeux vers moi, et me dit:

— Je ne puis rien faire; nous n'avons point de fonds pour vous aider; il faut que j'en réfère à Pétersbourg.

Pendant que je m'apprêtais à lui répliquer deux messieurs entrent tout à coup et viennent chercher le prince, le chapeau sur la tête.

Orouzof se lève là-dessus, va à la rencontre de ses gens et me laisse, sans achever son discours, sans rien conclure.

Notre entrevue ayant ainsi été brisée au beau milieu, j'en conçus du dépit, et, un instant après, je sortais brusquement dans la rue, me dirigeant du côté de la Lepiscani.

J'avais à peine fait une centaine de pas dans cette direction, que voilà qu'aussitôt je me mets à me fouiller partout, cherchant avec émotion la lettre de Plévé.

« Ah! je l'ai laissée à l'ambassade! » et criant ainsi, je rebrousse chemin de suite, et je rentre dans la chancellerie, à moitié affolé.

On cherche par ci, on cherche par là, on fait semblant de faire de l'embarras; mais en vain, la lettre n'y était plus. Peut-être elle était déjà en route pour Saint-Pétersbourg, puisque, à cette heure-là, le courrier était sur le point de partir!

La perte de ce document précieux m'impressionna assez fortement au moment même. Mais je me consolai aussitôt, en faisant cette réflexion : « Un homme qui dit la vérité est sûr d'être écouté ; entre un chef de police secrète et moi, c'est à moi, à coup sûr, qu'on donnera la préférence. »

Qu'on vole donc la fameuse lettre ; pour me faire croire des gens de bien, je n'en aurai pas besoin.

CHAPITRE XX

Pétersbourg. Marché juif. Je quitte la Russie.

A la suite de cette entrevue, le prince Orouzof crut qu'il était temps de faire quelque chose en ma faveur. Dès le lendemain, il s'empressa, en effet, de m'accorder un secours au comptant; en plus, la légation se rendit garante pour l'acquittement de ma note à l'hôtel de l'Union.

Qui a payé en dernier ressort cette dette, puisque que l'ambassade n'a pas de fonds disponibles, ainsi que l'on prétendait?

C'est là une question un peu indiscrète, c'est vrai; pourtant, nous nous permettrons d'y répondre comme suit :

C'est celui pour le compte duquel on a saisi la lettre, et celui-là nous le reverrons bientôt à Pétersbourg.

Après cet incident, je ne prolongeai guère mon séjour à Bucharest plus qu'il ne fallait.

Pour rentrer en Russie, je choisis la route Braïla, Galatz, Jassy, et cela dans le but de donner quelques conférences chemin faisant, ce qui veut dire : « Afin de faire mon charbon tout en marchant. »

Mes lecteurs s'imagineront sans doute, qu'en me voyant paraître sur la frontière, on me fit une mine de chien. Ils se trompent grandement; en Russie, on est beaucoup plus poli et courtois que l'on ne suppose : ainsi, à Odessa, le monde officiel me fit un accueil plein d'affabilité.

La nouvelle de la victoire que je venais de remporter sur l'ennemi détesté, me valut la sympathie de chacun. Aussi mes conférences furent-elles fort courues et très goûtées de la part de ce public antisémitique.

Bien entendu que mes sujets n'avaient rien

qui pût blesser personne ou donner ombrage en haut lieu.

Pendant que je me trouvais à Odessa, des bruits concernant la retraite imminente du comte Ignatief, prirent de plus en plus consistance.

Sur cela je décidai de me rendre à Pétersbourg, dans l'espoir de faire valoir mes services et afin d'obtenir satisfaction pour tout ce que j'avais souffert.

En effet, j'arrivai dans la capitale justement à temps pour féliciter mon ancien ami de la culbute qu'il venait de faire. N'avait-il pas mérité que je l'apostrophasse de la façon :

— Tu ne l'as pas volé, mon brave!

On doit reconnaître que le comte Ignatief, pendant les neuf mois qu'il a été au pouvoir, semble avoir eu à cœur de ne pas omettre une seule faute; il les a toutes commises.

Son administration étant intimement liée à notre odyssée, c'est surtout à nous qu'il revient d'en faire ici l'oraison funèbre. Mes lecteurs ont déjà vu comment Ignatief avait su utiliser nos connaissances, ainsi que notre zèle, dans le but d'en finir avec la révolution et les nihilistes.

La victoire inattendue qu'il remporta par la découverte de la conspiration judaïco-cosmopolite, semble avoir enorgueilli le comte, au point qu'il crut pouvoir se passer désormais du concours de n'importe qui, se flattant de pouvoir faire sa petite affaire à lui tout seul.

Notre abandon à Paris venait évidemment d'un pareil calcul. Ajoutons que cette résolution, fatale pour les vrais intérêts de la Russie, avait aussi l'adhésion du chef de la police secrète.

Tant Ignatief que Plévé étaient à cette époque bien loin de se former une idée exacte de ce que c'est que le problème judaïco-nihiliste.

La présomption finit toujours par égarer les hommes. On regarde à ses épaulettes, on admire ses crachats et l'on finit par se croire des phénix capables de tout.

Et que firent ces hommes d'Etat une fois en tête à tête? Voici en peu de mots ce qu'ils firent. D'abord ils eurent soin d'utiliser nos indications et nos instructions, afin de mettre la main sur les comités et leurs affiliés : ce travail leur donna du fil à retordre pour cinq ou six mois.

Après avoir saisi tous ces comités, ou une bonne partie, Ignatief conçut l'idée lumineuse de porter un coup mortel aux Juifs, en organisant des contre-comités russes, sorte de comités de salut public.

C'était encore de la démence ; car Ignatief, qui se dit général, aurait dû savoir : « Qu'un comité révolutionnaire, ou offensif, enfoncera toujours une douzaine de comités de salut public, ou défensifs, pour mieux dire. »

Les rudiments de l'art de l'attaque et de la défense établissent cet axiome.

Mais ensuite, prétendre surpasser des Juifs en activité et en ruse avec des *moujiks* russes, ce n'est plus de la démence, c'est de la stupidité toute pure.

C'est vrai que les Russes ont toujours eu la prétention d'être plus juifs que les Juifs. Malgré cela, nous doutons fort que, dans une exposition universelle, les Russes aient aucune chance d'emporter le grand prix de la haute école de friponnerie.

L'autre grande mesure due à l'initiative d'Ignatief, ce sont les battues aux Juifs organisées dans le midi, à Balta et ailleurs.

Le comte a-t-il jamais réfléchi à quoi ressemblent ces battues, *à bâtons rompus*, dirigées contre quelques vieux Juifs en soutane noire et barbe pointue?

Elles ne sont ni plus ni moins que des égratignures, de ces coups de canif qu'un gamin s'amuserait à flanquer contre l'écorce d'un cèdre séculaire!

Il faut bien autre chose que des coups de canif pour abattre cet arbre gigantesque qui se nomme le judaïsme cosmopolite: il faudrait des milliers, des millions de haches à la vapeur, frappant toutes à la fois, et peut-être qu'avec elles on réussirait à l'abattre, après des années de travail.

Et Ignatief qui sort avec son petit canif et ses battues savantes!

Son successeur a eu raison d'en finir avec ces enfantillages, qui déshonoraient la Russie, sans profit pour personne, excepté pour ceux qui aiment à pêcher en eau trouble.

Une fois de retour à Pétersbourg, je ne manquai pas d'aller présenter mes hommages au chef de la police secrète, à qui je tenais à faire entendre quelques dures vérités.

Plévé tâcha au premier abord de donner à notre entrevue un certain ton badin, auquel je mis aussitôt un terme par ma contenance glaciale. Coupant court à ses fadaises et à son sourire cynique, j'entamai en ces termes :

— Je demande, monsieur, à être informé du résultat de mes rapports que je vous ai adressés de Paris ; c'est en personne que je suis venu prendre cette réponse que vous m'aviez promise par *votre lettre* du 5 octobre.

A ces mots, Plévé fronça les sourcils et me dit d'un ton narquois :

— Ah, vos rapports!... ça n'était que de la fantaisie.

A peine avait-il fini de proférer ces mots, qu'aussitôt je me jette sur une petite table qui se trouvait à côté, et là, sur le coup, je lui lance ce défi :

— Vous osez dire que mes rapports ne sont que de la fantaisie !

Eh bien ! monsieur, je me déclare prêt à partir sur-le-champ pour la frontière, où je recueillerai en personne les preuves de tout ce que j'ai découvert.

Le défi est loyal, et si vous hésitez à l'accepter, c'est que vos assertions, monsieur, sont du domaine de la fantaisie, du pur mensonge.

Plévé jeta ses regards sur ces lignes, se mordit la moustache avec dépit, sans pourtant proférer un mot. Sur cela je lui tournai le dos, frappant la porte derrière moi.

De cette scène ne ressort-il pas que la fameuse lettre était bien de retour entre les mains de celui qui l'avait écrite ?

L'aplomb de Plévé venait évidemment du fait qu'il savait bien que je ne pouvais guère lui fermer la bouche, en mettant sous ses yeux, « *l'expression de sa vive reconnaissance* ».

D'ailleurs, le sarcasme exultant était si

bien peint sur ses lèvres, qu'on pouvait y lire ces mots :

« Je t'ai employé comme je voulais ; j'ai tiré tout de toi ; et à présent, je te fais venir comme un chien mendier un os. »

Et c'était bien cela !

Mais ce que ce brave Plévé ne savait pas et n'a pu prévoir, c'est que ce chien fidèle et zélé devait le saisir finalement à la gorge et le flétrir à tout jamais, en l'exposant à la berline de l'opinion publique.

A la suite de cet incident, je hâtai mes préparatifs du départ.

Dès mon arrivée, j'avais présenté une requête au ministère de la guerre, afin d'obtenir une indemnité une fois pour toutes. Aussi me déclarai-je prêt à renoncer à la petite pension qu'on me passait à titre indéfini et indéfinissable.

Le gouvernement me passait en effet une pension de cinquante roubles par mois (120 francs) qu'on m'avait accordée d'après un critère assez bizarre.

Si nous donnons à Osman-Bey, s'était-on

dit, une pension tant soit peu convenable, cela équivaudrait à une reconnaissance tacite de ce qu'il a fait à Kars. Pour qu'on ne dise pas pourtant que la Russie laisse mourir de faim ceux qui la servent, il faudra lui donner quelque chose qui ait l'air d'une aumône.

Les Machiavels de la Néva valent bien ceux de l'Arno!

Mon offre de céder mes six cents roubles de pension contre deux mille au comptant, fut acceptée d'emblée.

« Mais, si Osman-Bey vit encore trente ans, nous aurons épargné seize mille roubles. Sapristi, quelle belle affaire! » s'écrièrent les juifs de tous les ministères impériaux, et aussitôt ils s'empressèrent de me faire signer une déclaration en vertu de laquelle je renonçais à tout jamais, pour moi et pour mes descendants, à *toute* réclamation pour tous les services rendus par moi à la Russie.

Tougengold était le nom du colonel d'état-major, qui exigea ma signature à un pareil contrat de Schylok.

Par un de ces caprices du hasard qu'on a de la peine à s'expliquer, cet officier qu'on avait chargé de m'écorcher ainsi, ressemblait à s'y méprendre à Schylok, tel que le connut Schakespeare.

Barbe longue, grisonnante (style Abraham), sourcils épais (style Moïse de Michel-Ange); ajoutez à une pareille tête ce nom Tougengold, et si tout cela ne fait pas un juif en uniforme, qu'on dise ce qu'on voudra.

Les deux mille roubles à peine empochés, mes lecteurs peuvent bien s'imaginer que sur-le-champ je décampai, secouant derrière moi la poussière de mes souliers.

CHAPITRE XXI

Considérations. Comment éviter une Saint-Barthélemy.

En concluant notre récit, il y a deux sortes de considérations qui s'imposent à l'esprit : les unes d'un caractère privé, les autres générales. Les premières ont trait à notre rôle et à la Russie, qui a servi de théâtre à cette partie de notre drame politique ; les autres se rapportent aux plus grands problèmes de la politique.

Beaucoup de personnes n'hésiteront pas, nous le savons, à nous reprocher les sentiments personnels, voire même la passion qui donnent le ton à ce récit.

Tout en reconnaissant la justesse de ces reproches, nous devons cependant prier nos lecteurs de vouloir bien faire une distinction entre une rancune banale, malhonnête, et ce ressentiment légitime, qui a le droit lésé pour source et une grande cause pour mobile.

Disons d'abord que notre rôle à travers ce drame est nettement défini, car personne ne saurait nous contester la part de défenseur zélé et désintéressé d'une juste cause.

Par contre, nos adversaires ne sont que des ambitieux vulgaires, de pauvres sires habitués à briller dans le monde, en se parant des plumes d'autrui.

Nous avons agi par principe ; eux ne sont poussés que par l'appât du gain et la soif du pouvoir.

Venons à présent à la Russie.

Après avoir parcouru ces pages, beaucoup de gens s'imagineront sans doute que la Russie, d'un bout à l'autre, n'est qu'un vaste bois, où l'on est impitoyablement volé et assommé.

Rien de tout cela ; au contraire, partout en Russie il existe la sûreté la plus parfaite et une hospitalité telle, que tout étranger peut y vivre et s'y engraisser à souhait.

A cela ajoutons que le gouvernement lui-même tient à son service bon nombre d'étrangers, qui n'ont pas grande raison de se plaindre.

Ainsi, disons-le franchement, notre cas est à peu près sans pareil ; c'est un de ces cas exceptionnels, qui sont bien loin de la règle générale.

Ceux qui, en Russie, s'en tiennent à l'*aurea mediocritas*, ne manquent jamais de pain.

Malheur à ceux qui, comme nous, se laissent entraîner vers les hautes régions de la politique !

Là ils se verront bientôt emportés par la fougue des ambitions personnelles et par le courant irrésistible des susceptibilités nationales. Aussi, comme Siméon le Mage, sont-ils voués à faire un pique-tête solennel.

En effet, que peut faire le plus grand génie du monde, au milieu de toutes ces têtes creuses, bourrées seulement de malice et de présomption; au milieu de tous ces satrapes, qui se meurent de la soif des richesses et des honneurs?

Mais tous ces gens sont prêts à s'élancer sur le malheureux qui a osé tenter des choses beaucoup au-dessus de ses forces et de sa sphère!

Ainsi, quand nous avons voulu servir en soldat sur le champ de bataille, les officiers tous en masse se sont jetés sur nous et nous ont arraché nos lauriers, disant:

« Va-t-en; tu n'es pas un homme de carrière; ça est à nous... Voici de l'aumône, si tu en veux. »

De même, quand nous nous sommes hasardé à faire de la diplomatie, à donner des leçons aux diplomates d'étalage, ceux-ci nous ont appliqué également un coup de pied, en ajoutant:

« Il faut être de la carrière, monsieur, autrement, on n'a droit qu'à une aumône. »

C'est ainsi que tout en faisant l'officier d'état-major, le diplomate et le publiciste pendant dix ans, il nous a fallu vivre en mendiant par ci par là, renvoyé par l'un, chassé par l'autre.

Le grand panslaviste Aksakof, en riant de ma vie nomade et de mes vicissitudes, me dit une fois :

« Vous êtes une individualité à part, une originalité ; si vous preniez un emploi fixe, vous cesseriez d'avoir votre cachet ; vous ne seriez plus Osman-Bey, vous rentreriez dans la catégorie du commun des mortels. »

Ce témoignage est très flatteur à coup sûr, et nous exprimons ici nos remerciements sincères à ceux de nos amis de Russie, qui ont une si favorable opinion à notre égard.

Mais il ne nous semble que juste de demander tout particulièrement à ce bon M. Aksakof, pourquoi lui, qui est aussi une individualité à part, une originalité, pourquoi il juge à propos de faire soutenir cette individualité moyennant une sinécure de trente mille roubles par an, et qu'à ce prix il se prête à jouer la comédie du financier ?

Nous pouvons assurer Aksakof que notre individualité nous pèse sur les épaules, depuis longtemps déjà, et au point que nous serions bien aise de l'échanger contre un bon potage, c'est-à-dire contre une place discrète avec un rabais de 80 °/₀.

Des considérations particulières, passons maintenant à celles d'un ordre général ou politique.

Le point de vue duquel nous envisageons le mouvement judaïco-nihiliste, diffère essentiellement de celui que veut soutenir le gouvernement impérial.

Celui-ci s'obstine à ne vouloir considérer cette question que sous le rapport des intérêts purement russes. En d'autres mots, il prétend réduire une question cosmopolite qui embrasse les deux hémisphères à une simple question de clocher.

Ceux qui gouvernent la Russie se disent, paraît-il :

« Nous avons réussi à pincer ceux qui mettaient le feu chez nous : nous les expédions en Sibérie, et tout est dit. »

Il est vrai que c'est par un procédé de ce genre qu'en 1863 on a réussi à étouffer le mouvement polonais. Malheureusement, aucune analogie n'existe entre les deux cas; puisque l'insurrection polonaise n'était qu'un mouvement local, limité à une région, à une race, tandis que le mouvement nihiliste est cosmopolite et a son foyer à l'étranger.

Le nihilisme est donc hors de portée et insaisissable.

Ainsi, il faut être bien naïf pour croire qu'il suffit d'envoyer quelques milliers de nihilistes en Sibérie, ou à l'autre monde, pour pouvoir dire ensuite :

« L'ordre est rétabli en Russie. »

La vérité, la triste vérité est, qu'autant que le judaïsme cosmopolite aura de grandes ressources et de nombreux auxiliaires en Russie, plus l'impunité parfaite à l'étranger, rien n'est fait et tout sera à recommencer à la première occasion.

Aussi longtemps donc qu'on n'aura pas saisi par le collet ceux qui ont l'audace de bloquer les frontières de la Russie, ceux qui s'amusent à expédier des paquets de dynamite et des bombes à l'adresse de Jesse Helfmann, ou de

Oberdank, Levy et Ce, il n'y aura point de sécurité pour personne, pas plus pour l'empereur de Russie, que pour le roi d'Italie ou l'empereur d'Autriche.

La situation étant ainsi bien définie, il ne restait au gouvernement du Czar qu'à démasquer son ennemi, attaquant résolument la secte judaïque et dénonçant sa redoutable Alliance au monde entier.

Qu'on le veuille ou non, tôt ou tard, il faudra en venir à une croisade, à une sainte alliance de toutes les races, afin de se débarrasser de ce fléau, de cette peste, qui à elle seule fait plus de victimes que ne l'ont jamais fait, ni les épidémies, ni les guerres, ni même les tremblements de terre.

C'est à la tête d'une pareille sainte alliance que nous aurions voulu voir la Russie. A l'instar d'Alexandre Ier, Alexandre III aurait dû en prendre l'initiative, se proclamant le vengeur du sang de son père, le défenseur des peuples trompés et volés par les Juifs. Cette nouvelle sainte alliance ne doit avoir d'autre but, d'autre programme que celui de combattre par tous les moyens la friponnerie cosmopolite, chassant partout les Juifs, aux cris enthousiastes de :

« Vive le principe des nationalités et des races ! »

« A la porte les intrus, les cosmopolites, les pétroleurs, les assassins ! »

Mais pour l'amour de Dieu, s'écriera-t-on, vos cris enthousiastes donneraient le signal d'une horrible Saint-Barthélemy !

Oui, deux sortes de Saint-Barthélemy se dressent, à l'heure qu'il est, menaçantes devant nous. L'une régulière et légitime, l'autre sanglante et terrible.

Si les chefs des nations reculent lâchement devant la première, la vengeance populaire devra tôt ou tard se charger de l'exécution de l'autre.

Appelez ce peuple en courroux : socialiste, anarchiste, communard, etc., c'est égal.

Le juif Lassalle, célèbre agitateur, proféra ces mots prophétiques peu avant qu'on l'eût passé à la broche, ainsi qu'il le méritait :

« Nous (les Juifs), nous en ferons tant, qu'on

finira par nous pendre au premier arbre venu. »

Et il disait vrai, ce nouveau prophète d'Israël; cette Saint-Barthélemy est désormais inévitable, à moins que les hommes d'Etat qui régissent actellement les destinées de l'Europe ne se hâtent de refouler l'invasion judaïque, en la faisant dévier vers d'autres zones, vers d'autres continents.

En d'autres mots, un Congrès européen doit se poser carrément la question, il doit décréter l'émigration forcée des Juifs.

Qu'ils s'en aillent déployer leur activité, leur esprit frondeur et leurs autres grandes et belles qualités au cœur de l'Afrique ou de l'Australie, et qu'ils laissent les autres en paix, pour l'amour de Dieu!

Quand on aura ainsi renvoyé les sangsues des peuples, les agitateurs de profession, tant les révolutions que les guerres seront bien rares.

On n'entendra plus parler alors ni de socialistes, ni d'anarchistes, ni de nihilistes, puisqu'il n'y aura plus d'agents provocateurs, de satans qui s'amusent à pousser un parti contre l'autre, une classe contre l'autre; de même qu'ils excitent l'Allemand contre le Français, l'Italien contre l'Autrichien, le Croate contre le Hongrois et ainsi de suite.

Ce n'est qu'après l'expulsion du Juif que le désarmement général, de tous souhaité, sera possible ; ce n'est qu'alors que les impôts diminueront et que l'équilibre des budgets pourra être rétabli.

Tous les peuples sédentaires, c'est-à-dire, ceux qui ont un foyer, une patrie, ne désirent que la stabilité et l'ordre. Chassez de leur milieu les gens sans patrie ni aveu (les Karl Marx, les Lasalle, les Crémieux et *tutti quanti*) et nous aurons un siècle de paix assuré.

En Allemagne, six cent mille Juifs arrachent le pain de la bouche à plusieurs millions d'Allemands; c'est-à-dire à ceux qui ont acheté cette terre de leur sang et qui l'enrichissent par la sueur de leur front. Qu'en résulte-il? La misère qui engendre l'émigration ou la guerre à l'étranger.

Partout ailleurs en Europe, la même cause produit les mêmes effets. Les gens du pays sont forcés d'émigrer, pour faire place à un tas de parasites, qui se sont installés chez eux en maîtres.

Depuis un siècle les cyclopes de la finance ne font que pomper nuit et jour les richesses des peuples. Une immense pyramide d'or s'est accumulée d'un côté, l'abîme profond de la misère reste béant de l'autre.

Du sommet de la pyramide, les juifs plongent leurs yeux de vautours sur les masses qui se tordent et se débattent dans l'abîme, criant :

Du pain ! du pain ! du pain !

Ce tableau représente exactement ce qui se passe sous nos yeux, soit à Londres, soit dans les ateliers, soit dans les mines de l'Europe entière.

C'est à tort que les socialistes s'acharnent contre les capitalistes en masse ; sans s'en s'en douter, ils font le jeu des Juifs. Ceux-ci s'efforcent de les lancer contre la muraille du capital, où les socialistes sont sûrs de se briser la tête, permettant ainsi aux Juifs de sauver leur propre peau et leurs magots.

Qu'on sache donc une fois pour toutes, que chaque peuple doit avoir ses capitalistes, de sa nationalité, de sa race. Un peuple sans capitalistes ressemblerait à un bataillon sans officiers, à un navire sans capitaine, à un arbre qui a des fibres et point de nœuds. Mais pour que ces nœuds tiennent adroitement au tronc, il faut qu'ils soient essentiellement nationaux; c'est-à-dire du même sang, de la même race et pas des intrus.

Que l'on commence donc par mettre tout simplement à la porte les intrus, les Locustes juives et chaque pays pourra alors jouir du bien-être à l'intérieur et d'une paix prolongée avec ses voisins. Ce serait l'âge d'or que nous avons tous en perspective; ce serait l'idéal même du progrès.

Progrès, selon l'école judaïque, veut dire la confusion, le gâchis international, le chaos.

Notre progrès à nous, c'est l'antithèse de ce gâchis d'enfer, de cette Babel; nous le formulons ainsi :

« Chaque peuple chez soi et pour soi. »

CHAPITRE XXII

Giers et Tolstoï. Couronnement du Czar.

C'est au vingt-et-unième chapitre que s'arrêtaient nos Révélations, lorsque la *Gazetta d'Italia* et M. Sommaruga se chargèrent de les faire connaître au public.

La lutte que nous avons soutenue à cause de cela, la tournure qu'a prise depuis la politique, nous imposent de donner dans ces deux chapitres supplémentaires le récit des événements qui suivirent de près la découverte de la conspiration et la chute d'Ignatief.

S'étant saisi de notre découverte, Ignatief crut un instant que le Czar et la Russie tout entière étaient déjà aux pieds du grand homme qui les avait sauvés.

Ce doux rêve ne dura pourtant qu'un seul instant ; puisque Ignatief trouva deux rudes compétiteurs, qui tenaient tout autant que lui à jouer le rôle brillant de sauveurs de la dynastie, de bienfaiteurs de la Russie.

Le comte Tolstoï et M. de Giers s'étant sur ces entrefaites donné la main, ils tombèrent sur Ignatief et lui arrachèrent notre découverte, que tous avaient reconnue être le talisman du pouvoir suprême à perpétuité.

Comme on voit, autour de ce talisman surgit une lutte acharnée, semblable à ces combats que des joueurs ardents se livrent, afin de se saisir de la balle.

La balle (ma découverte) était avant tout entre mes mains : Ignatief me bouscule et s'en empare : mais voici que deux gaillards, plus adroits que lui, lui tombent dessus et arrachent la proie de ses mains.

Après avoir réglé avec Ignatief, les vainqueurs se tournèrent vers moi pour me dépêcher aussi et rester seuls maîtres du champ de bataille.

Cela est si vrai, qu'avant de me lâcher, ils eurent soin de bien me pomper, c'est-à-dire d'arracher de ma bouche tout ce que l'on pouvait sur le compte des nihilistes et de l'Alliance.

C'est le baron Osten-Sacken, adjoint de M. de Giers, qui nous fit subir cette opération. A l'entendre, pour le baron c'était là une question de pure curiosité !

Une fois bien renseignés, les ministres ne surent plus que faire de moi. C'est alors qu'ils me firent payer les fameux cinq mille francs, m'extorquant un acquit pour tous les services que j'ai rendus à la Russie.

Cet acquit n'était après tout qu'une simple formalité, puisque, tombé bientôt dans la misère, je ne tardai pas à recevoir des marques touchantes de ce que c'est que la gratitude chez les Russes.

Après mon départ, Giers et Tolstoï, le knout à la main, se mirent à donner la chasse aux Juifs et aux nihilistes. Par la saisie des comités on avait démonté la machine révolutionnaire : il ne restait qu'à en balayer les débris, afin de rétablir l'ordre et d'assurer la célébration du couronnement.

Ce travail a pris une année toute entière (1882-1883).

Si l'on s'en souvient, le défi lancé par l'Alliance portait : « Ou la constitution, ou bien nous ne le laisserons pas couronner. »

Ceux qui étaient fidèles au Czar (et moi à leur tête) répondaient : « Sibérie et knout ; mais pas de constitution. »

La défaite des Juifs et des nihilistes étant donc mon œuvre, il m'était facile de prévoir, même à distance, que le défi de l'Alliance et tous les bruits de mines et de dynamite n'étaient que de vaines menaces, des fanfaronnades.

Aussi, à Salerne, en plein théâtre, je proférais ces mots, vingt jours avant les fêtes du couronnement :

« Allez à Moscou, ne craignez rien ! C'est avec ces mains-ci que j'ai cassé l'épine dorsale de la révolution ; elle est impuissante et vous le verrez. »

Mes calculs étaient justes et les événements ne pouvaient que les sanctionner. Aussi tout se passa pour le mieux à Moscou ; l'hydre judaïque dut se mordre les doigts, tout en poussant des rugissements furibonds par la voie des organes judaïco-cosmopolites.

C'est à nos frais donc que de Giers devint le héros des fêtes du Kremlin, et c'est grâce à des titres usurpés (pour ne pas dire indignement extorqués) qu'il est ce qu'il est, le premier chancelier de l'empire de Russie.

De Giers n'a aucun autre titre à ces hautes fonctions, puisqu'il est un étranger (Suédois d'origine) et de sang bourgeois. Le *de* qu'il accroche à son nom est une particule fort burlesque ; à elle seule, elle caractérise le parvenu.

Son principal mérite, c'est d'avoir conquis la main et le cœur d'une nièce du prince Gortchakof. Les prétentions à l'héritage de son patron ne datent que du jour où notre découverte lui fit entrevoir la possibilité de poser en défenseur du trône et en sauveur de la Russie.

Dans son entreprise il s'est vu soutenu par la *camarilla* Jomini, Osten-Sacken, Vlangaly, etc., de vieux serviteurs du grand-chancelier ; tous des parasites étrangers qui sucent la Russie depuis une trentaine d'années et n'entendent point en démordre.

Il ne fallait pas avoir inventé la poudre pour prévoir que tôt ou tard je saisirais par le collet les voleurs de mon travail. Ceux-ci le sentaient si bien, qu'aussitôt après mon départ de Pétersbourg, ils se hâtèrent de me signaler un peu partout comme une personne suspecte.

Si le volé en veut au voleur, celui-ci se méfie toujours de sa victime.

Voici grâce à quelles circonstances je pus constater la vérité de cet axiome et comment notre antagonisme devint patent.

Entre Bologne et Florence je fus victime d'un vol mystérieux, à la suite duquel je me trouvai sur le pavé, avec quelques francs dans la poche.

Le baron d'Uxkull, notre ambassadeur à Rome, et son secrétaire, M. Schevich, étaient de mes amis : c'est d'eux donc que je m'attendais à obtenir aide et secours. Au lieu de cela, à mon grand étonnement, je me vis traiter du haut en bas, comme si j'avais été un inconnu.

Trouvant les portes fermées ici, je retourne à Florence auprès de Paul Demidof, que je connaissais depuis des années.

Nouveau et cruel déboire! Le prince me fit mettre à la porte de son *Pratolino*, en balbutiant de faibles excuses.

Comme on le voit, le mot d'ordre avait été donné sur toute la ligne. Je n'étais plus le bon, le brave, le zélé Osman-Bey; j'étais devenu un autre Hartmann.

Dans ma détresse, je me tournai aussi vers Pétersbourg, où j'entrevoyais encore une lueur d'espérance. Mais en vain!

Les frais du couronnement étaient trop forts pour que l'on pût trouver quelques roubles et les envoyer à celui qui en avait assuré la réussite.

M. de Giers ne répondit mot; plus que cela,

il s'appropria un manuscrit de valeur sur la Bulgarie, sans même en accuser réception au malheureux auteur.

Evidemment, Giers redoutait de renouer des relations qu'il considérait comme compromettantes pour lui.

« C'est une question réglée, se dit-il, que chacun garde ce qu'il a pu chiper. »

Et comme moi j'avais tout donné et rien chipé pour mettre à présent sous la dent, je dus recourir de nouveau aux moyens héroïques, pour ne pas mourir de faim.

Je loue sur cela la Sala Dante, et j'annonce à la ville éternelle que j'allais tenir une conférence sur « les nihilistes ». Mais voici que la police intervient et me défend l'affichage.

Sans affichage point de réclame, et sans réclame point de public. Ainsi, la conférence rata, à la grande satisfaction de l'ambassade de Russie, qui ne voulait ni m'aider, ni que je m'aidasse moi-même.

Mais Dieu m'aida par l'entremise de M. Depretis : celui-ci fut assez gentil pour me laisser courir la Campagna, débitant la conférence qu'on avait mise à l'index à Rome.

Salerno, Sora, Arpino, etc., etc., reçurent ma visite et prêtèrent une oreille bienveillante à ma prédication. A Salerno je tombai malade; et c'est à l'hôpital de cette ville que je célébrai les fêtes du couronnement d'Alexandre III.

En ce moment, Giers, Tolstoï et consorts triomphaient au Kremlin, au milieu des salves d'artilleries et des détonations des bouteilles de champagne.

Ainsi va le monde! les uns pleurent, les autres rient à leurs frais.

De retour à Rome, je me hâtai de mettre la main à la publication des *Révélations ;* ouvrage que j'avais écrit tout en battant la campagne et en soufflant du gosier.

C'est la *Gazetta d'Italia*, comme on sait, qui entreprit cette publication, avec l'arrière-pensée arrêtée de la faire échouer.

Quels intérêts servait-il, ce brave Pancrazi, en agissant de la façon? Pas assurément ceux du public, ni ceux de l'auteur; ses intérêts à lui, sans doute, puisque ces jours-là son journal périclitait et ne fut sauvé de la banqueroute que par un miracle.

Qu'il suffise de dire à cet égard que Pancrazi coquetait à cette époque avec Paul Demidof[1], avec les membres de la légation et avec d'autres Russes. Aussi, pour ne pas leur déplaire, il dut d'abord défigurer notre œuvre pour la lâcher ensuite.

Trompés par la *Gazetta*, nous allâmes frapper à la porte de Sommaruga, l'éditeur, qui accepta d'emblée notre manuscrit et nos conditions. Voici seize mois que cet engagement a été signé, sans que pourtant les *Révélations* soient révélées.

Les uns prétendent que Sommaruga est Juif, mais lui se défend d'une pareille accusation ; en tout cas sa condamnation à sept ans de travaux forcés est là pour prouver quel homme il est.

En attendant ma position n'était guère plus tenable : l'atmosphère de la *cara Roma* s'ap-

[1] Paul Demidof osa lancer une sorte de démenti à nos *Révélations* dans la *Gazetta*.

pesantissait de plus en plus sur mes épaules ; bref, Russes et Juifs m'avaient mis entre deux feux et il n'y avait plus moyen de tenir.

A peine eus-je touché l'argent de Sommaruga (200 fr.), qu'aussitôt je me dirigeai sur Brindisi, en route pour Athènes. Je m'imaginais qu'en Grèce je respirerais enfin, puisque là les Juifs sont en petit nombre et les Russes pas très populaires.

Fatale illusion! amer déboire!

Avant que l'auteur des *Révélations* eût mis le pied au débarcadère, le ghetto de Corfou avait pris ses mesures pour l'empêcher de parler et lui susciter toute sorte de chicanes.

Quant au consul de Russie, celui-là avait bravement barricadé portes et fenêtres, de crainte que le malencontreux auteur n'essayât de violer le domicile consulaire.

La poursuite était parallèle, comme on voit; ici Russes et Juifs emboitaient le pas à merveille!

A Athènes nous fûmes d'abord reçu par M. Schischkine, ministre de Russie, d'une manière fort courtoise. Mais un pigeon-voyageur arriva quelques jours après et fit changer brusquement les dispositions du ministre à notre égard. Au lieu de nous aider, Schischkine se mit à nous poursuivre à outrance.

Quant à nos bons amis les Juifs, ceux-ci ne surent d'abord que faire, vu qu'à Athènes les Israélites comptent pour peu de chose. De Corfou, ils se bornèrent donc à exciter contre nous la loge maçonnique et son très vénérable président, l'avocat Damasquino. Les morsures des maçons d'Athènes n'ont pas peu contribué à augmenter notre détresse.

Les dix mois que nous avons passés là n'ont été qu'un long martyre, puisque nous sommes restés sans logis, sans habits et parfois même sans pain. Aussi les *plateas* d'Athènes ont-elles vu l'auteur vendant ses *Révélations* en grec et quêtant le chapeau à la main.

Nous sommes redevable pour notre départ d'Athènes et notre installation à Paphos (Chypre), à la pitié de quelques braves Grecs et notamment à la générosité de Sa Majesté la reine Olga.

D'ici l'auteur des *Révélations* s'associe en esprit (si non de fait) au grand mouvement antisémitique, qui doit mettre un terme à cette conquête que le sémite Paul inaugura de Paphos il y a vingt siècles.

CHAPITRE XXIII

Entrevue des trois empereurs. Le secret de Skierniewicz. L'Afghanistan.

Pendant que celui qui a sauvé la Russie se tordait dans la poussière, les faux sauveurs, Giers et Tolstoï, marchaient de triomphe en triomphe.

La foule ignorante les a acclamés sur leur passage, mais ceux qui ont suivi ce récit découvriront facilement la fraude dans ces triomphes.

Car chaque pas fait par les ministres d'Alexandre III correspond exactement à une idée, à un conseil suggéré par l'auteur des *Révélations*.

Ainsi nous avions dit qu'il fallait d'abord frapper les Juifs, pour se défaire des nihilistes ensuite. N'est-ce pas cela qu'ont fait les ministres du Czar, lorsqu'ils se mirent à traquer les Juifs et à dénicher leurs comités ?

Nous avions dit aussi que les Juifs de l'étranger poussaient et soutenaient ceux de Russie. Giers et Tolstoï nous ont prêté l'oreille en décrétant l'éloignement des Juifs étrangers établis en Russie, et en expulsant l'Anglais Lévy entre autres.

Nous avons dénoncé le *Golos*, le *Dielo*, etc., comme étant des engins au service de la révolution, que soutient l'Alliance. A l'instant même Giers et Tolstoï nous obéissent en supprimant ces organes de l'esprit de révolte.

Tout cela se trouve dans nos rapports adressés au gouvernement impérial ; et plus en détail encore dans nos *Révélations*, que le baron d'Uxkull n'a certes pas manqué de faire parvenir en toute hâte entre les mains de MM. Giers et Tolstoï.

C'est donc en exécutant textuellement nos instructions, de même que le ferait n'importe quel clerc ou copiste, que les ministres du Czar ont réussi à refouler les hordes israélites, à dompter les nihilistes et à mettre la couronne sur la tête d'Alexandre III.

Mais la fraude de ces ministres porte visiblement l'empreinte du vol, là où il s'agit des procédés qui sont tout spécialement du ressort du département des affaires étrangères.

Evidemment, tout succès remporté à l'intérieur, en Russie même, ne pouvait être que précaire, autant qu'on ne poussait pas l'ennemi avec vigueur au dehors.

De Giers, le titulaire de ce portefeuille, comprit facilement cela; mais son esprit borné ne sut plus à quel saint se vouer devant ce dilemme : « Que diable faire avec les Juifs de l'étranger ? »

Heureusement pour lui que, justement sur ces entrefaites, d'Uxkull lui vint en aide avec une solution toute faite de ce terrible problème.

L'abassadeur avait réussi, comme on sait, à arrêter court la publication des *Révélations*, au chapitre XIX (janvier 1884).

En obtenant cela du complaisant Pancrazi, d'Uxkull n'assurait à son chef qu'un avantage purement négatif. Un avantage positif et réel dans ce cas ne pouvait être autre que *de chiper adroitement les chapitres inédits* et de les expédier en toute hâte à Pétersbourg.

Notre vingt-et-unième chapitre fut une vraie trouvaille pour ce pauvre chancelier, puisque c'est bien là qu'il fit la découverte : que l'hydre judaïque cosmopolite ou internationale ne saurait être écrasée que par la force d'un Congrès européen.

Voilà l'idée mère d'où surgit aussitôt l'idée hybride de l'entrevue des trois empereurs.

Il n'est que trop naturel qu'un grand chancelier aie une certaine dose d'amour-propre.

M. de Giers, en nous copiant donc, a voulu y mêler quelque peu du sien : c'est ainsi qu'il s'est permis de modifier notre projet, substituant l'entrevue des trois empereurs au Congrès que nous réclamons.

La hardiesse dont a fait preuve Giers, en touchant à un plan si vaste, démontre assez qu'il ne comprend pas encore ce dont il s'agit : « *La délivrance de l'humanité entière de la peste, du virus judaïque.* »

En effet, comment peut-il prétendre traiter diplomatiquement à trois une question de vie ou de mort pour toutes les nations de l'Europe, une question qui les engage toutes collectivement ?

M. de Giers semble croire qu'il suffit d'une entente entre les trois empires du centre et du nord, pour trancher le problème le plus épineux qui se soit posé à l'esprit humain, un problème complexe tant sous le rapport moral que sous le rapport matériel.

En admettant que l'entente *à trois* puisse aboutir à quelque chose, le résultat définitif n'en serait pas moins partiel, vu qu'il resterait dans les limites de ces trois Etats.

Que se passerait-il dans cet intervalle, dans le reste de l'Europe et en Orient ? Là, l'hydre judaïco-révolutionnaire sortirait sa langue hideuse et continuerait à siffler, à la barbe de M. de Giers et de ceux qui lui prêtent l'oreille.

Quoique Giers nous aie lu et relu, il ne

semble pas pourtant avoir assez compris cette théorie :

« Qu'un ennemi international ne peut être battu que par des armes également internationales. »

Il en résulte que la politique du chancelier de la Néva se trouve être totalement opposée à la logique et au bon sens : elle s'est montrée à la fois ridicule, insensée et honteuse.

Ainsi, au lieu de dénoncer franchement à Skierniewicz les assassins d'Alexandre II, Giers a évité lâchement de proférer le nom même de *Juifs*.

Il s'est rabattu par contre sur les anarchistes et les révolutionnaires de toutes les nuances. Giers s'imaginait peut-être faire de la grande politique, de la politique subtile en cachant par ce subterfuge son jeu.

Cet expédient est gauche et indigne tout à à la fois : il est gauche, puisqu'il n'a réussi à tromper personne et beaucoup moins les Juifs ; il est en plus indigne, parce qu'il a permis à ceux-ci de se récrier :

« Les trois empereurs savent que nous sommes des assassins ; et pourtant ils ont eu peur de proférer notre nom ! »

« Fichtre ! donc nous restons maitres du champ de bataille ! »

Mais les humiliations qui retombent sur ces souverains, grâce aux bévues commises par de Giers, ont un côté bien plus fâcheux.

En jetant le gant à tous les révolutionnaires à la fois, les trois empereurs se trouvent face à face avec cette alternative :

Ou ils se mettent à traquer les révolutionnaires en masse (sans distinction entre les bons et les mauvais, entre les raisonnables et les énergumènes), et en ce cas les trois souverains se voient transformés en tyrans de la pire espèce.

Ou bien ils se contentent de l'échange de vues qui a eu lieu à Skiernievicz, et alors ils se rendent ridicules.

Les cabinets de Vienne et de Berlin ne se sont fait point d'illusions à cet égard. Aussi l'entrevue de Skiernievicz reste-t-elle un incident historique sans résultat pratique ; un échange de politesses entre souverains.

A entendre de Giers, cette entrevue devait reconstituer les bases politiques de l'Europe ; elle devait la régénérer de fond en comble.

Donc le chancelier russe a subi un échec à Skiernievicz, puisque depuis lors ni Juifs, ni nihilistes, ni anarchistes n'ont eu une seule tête tranchée, pas même un cheveu ne leur est tombé, que nous sachions.

On dit dans le langage habituel que quelqu'un a subi un échec, quand il manque d'atteindre le but qu'il s'était proposé.

En disant tout à l'heure que de Giers a subi un échec, nous sommes évidemment parti d'une prémisse posée par nous-mêmes, et qui, par conséquent, se trouve être sujette à caution et peut nous être contestée.

M. de Giers n'aurait-il pas droit, entre autres, de nous objecter :

« Et qui vous a dit qu'à Skiernievicz j'ai dit, ceci et cela ; que j'ai fait telle ou telle chose, ou bien que j'avais le but que l'on m'attribuait ?

« L'entrevue de Skiernievicz marque le

triomphe de ma politique : tout s'y est passé pour le mieux, ne vous déplaise, cher Osman-Bey. »

Nous ne saurions être plus courtois à l'égard du haut personnage qui daigne ainsi nous adresser la parole, qu'en le prenant au mot.

Si la politique de M. Giers a triomphé à Skiernievicz, cela veut dire que le chancelier avait une politique à lui, bien différente de celle que, soit nous, soit le grand public, nous lui avons naïvement attribuée.

Le secret de Skiernievicz n'était donc ni la chasse aux assassins d'Alexandre II, ni une croisade contre les anarchistes ou les socialistes ; c'était toute autre chose : c'était une politique connue seulement de M. Giers (foncièrement Gieriste) et qui a eu la chance de triompher.

M. de Giers lui-même le dit; nous sommes tenus de le croire.

Et aux dépens de qui a-t-il triomphé, une fois que les Juifs, les anarchistes, etc., sont hors de question?

M. de Giers n'a pu triompher que du Czar,

qu'il a trompé et de la Russie qu'il foule aux pieds!

Voilà le fameux secret de Skierniewicz enfin dévoilé.

Grâce à notre découverte, à notre secret, Giers s'était imposé à la Russie et au Czar, en s'arrogeant les titres pompeux de sauveur, de génie dirigeant.

Mais tous ces titres ne lui suffisaient guère, paraît-il, afin de s'installer solidement dans le fauteuil de son regretté patron. De là ses courses affolées de capitale en capitale et cette activité fébrile qui l'a aidé à enfanter la fameuse entrevue.

Qu'espérait-il obtenir par ce nouveau coup de théâtre ?

Giers voulait tout simplement pouvoir apostropher le Czar de la façon :

« Sire ! Après avoir écrasé les ennemis du trône et de l'autel, je relève la splendeur de la pourpre, en amenant aux pieds de Votre Majesté les plus grands potentats de l'univers ! »

Le vainqueur des nihilistes voulait passer

aussi comme étant le restaurateur à neuf de la monarchie, le ministre indispensable, bref, le messie moderne de la Russie.

Et cela lui a réussi à merveille, le succès a été mirobolant et de tout côté, des loges, des galeries, comme du parterre, la claque a été frénétique, étourdissante; les fuoris, les bis Giers se sont prolongés sans fin.

Malheureusement, c'est à Skiernievicz que s'est arrêtée l'étoile de cet acteur comico-politique.

Depuis lors il a eu tout une série d'insuccès, qui sont restés ignorés du gros public, vu que le tout s'est passé dans le cabinet privé du ministre, à huis-clos.

Nous qui sommes dans les secrets des dieux, ne fût-ce que par intuition, nous allons régaler le public friand de sottises diplomatiques avec quelques nouvelles révélations du genre charivarique.

Se sentant en veine à la suite de son succès de Skiernieviez, de Giers résolut de pousser en avant et de compléter l'œuvre, en cueillant quelques fruits savoureux, quelque chose de substantiel, qui pût compenser tant de gloire et de fumée.

Ce n'est un mystère pour personne qu'à la suite de la guerre d'Orient et des troubles nihilistes, les finances de l'empire sont dans un état peu satisfaisant. Le rouble est à 2 fr. 50, c'est tout dire.

« Comment faire pour produire une hausse? se dit-il à lui-même, Giers. — Ma foi, il faut parlementer avec l'ennemi, avec les rois des finances, avec les Juifs ; et, grâce à mon étoile, je saurai triompher. »

Le moment était très bien choisi, il faut le dire, pour entamer une négociation de ce genre ; vu qu'à la suite de l'entrevue de Skiernevicz, la juiverie cosmopolite était en désarroi, et que les Juifs russes avaient tous la corde au cou. Le moment psychologique pour leur appliquer le bistouri était donc bien celui-là.

Le ministre convoque aussitôt dans son cabinet quelques-unes des sommités financières de Russie et leur tient ce langage, à brûle-pourpoint :

« Messieurs! Off hands! (style Gladstone) : le gouvernement impérial sait ce que vous êtes; il connaît toutes les infamies dont vous vous êtes rendus coupables, aussi que le mal que vous avez fait au pays; si la clémence n'avait pas eu le dessus dans ses décisions, il n'avait qu'à faire un signe et la populace vous aurait tous lynchés, mis en pièces. »

A ces mots les financiers essuyèrent des frissons; quelques-uns versèrent des larmes et tordirent le cou, en signe de profonde émotion et contrition de cœur.

Après une courte pause, Giers reprit :

« Nous sommes disposés à oublier le passé, à passer même l'éponge sur vos méfaits, mais c'est à vous, les premiers, à donner des preuves de votre repentir, des preuves que vous tenez à être pour l'avenir de fidèles et dévoués sujets du Czar.

« La seule manière de nous convaincre de cela, est, messieurs, de négocier l'émission d'un emprunt, qui mette le trésor en état de faire face à ses obligations. Un demi-milliard nous suffira! »

Au mot milliard, les Juifs eurent la respiration un petit peu arrêtée; mais ayant aussitôt repris courage, ils s'empressèrent unanimement à remercier le ministre pour toutes les gentillesses dont il avait bien voulu les combler et lui promirent qu'à l'instant même ils allaient lancer leurs émissaires et commencer l'opération.

Au premier abord, les choses allèrent à souhait, vu que soit Bleichrœder de Berlin, soit les Rothschild de Paris, prêtèrent une oreille favorable aux ouvertures qu'on venait de leur faire de Pétersbourg. L'emprunt fut même lancé sur ces deux places; à Londres, par contre, l'émission échoua.

A peine le télégraphe eut-il annoncé au chancelier l'échec de son emprunt, qu'aussitôt sa colère dépassa toute borne: à tort ou à raison, il s'en prit à la perfide Albion, l'ennemi traditionnel de la Russie.

La vengeance au cœur, d'un bond il court au télégraphe et ordonne à Hitrovo d'attaquer, en soulevant au Caire la question de la Caisse de la Dette égyptienne.

Un grand bruit se fait, si l'on s'en souvient, mais la montagne finit par accoucher d'une petite souris. Hitrovo a bien réussi à voir la caisse et même à y fourrer son nez; mais à la condition de n'y toucher rien.

Cet avantage négatif n'était guère de nature à satisfaire de Giers :

« Que faire ? que faire ?

« Il faut que je montre aux Anglais qui je suis ! »

Aussitôt dit, aussitôt fait, et d'un autre bond de Giers court au télégraphe asiatique et donne l'ordre à Kamerof de faire une démonstration contre l'Afghanistan.

Ce deuxième vaudeville est terminé à peu près comme l'autre.

Les Anglais, qui connaisssent bien le motif du conflit, sont prêts à céder aux commissaires russes cent et même mille kilomètres de terre du côté de l'Afghanistan. Ceux-ci font la grimace, car le but de leur chef est celui de tenir la question ouverte, dans l'espoir de pouvoir amener les Anglais à céder dans la question de l'emprunt en Europe.

En d'autres mots, Giers ne veut que de l'argent et de l'argent; et les Anglais lui offrent en échange des terres à un sou l'hectare!

De nouveau le chancelier est le bec dans l'eau!

Et il le sera jusqu'à la fin, pour le grand malheur de la Russie, à moins qu'Alexandre III ne fasse preuve de cette clairvoyance et de cette trempe d'acier, qui brisa comme une glace la réputation et la puissance du diplomate du traité de San Stefano.

Malheur à Giers, si Alexandre III finissait par découvrir ses farces!

APPENDICE

BLOCUS

de la frontière russo-allemande par les Comités juifs, organisés et dirigés par l'Alliance israélite universelle de Paris (1872-1882).

AILE GAUCHE

Kœnigsberg.

Quartier-général, sous le commandement du rabbin Bamberger, lieutenant de l'Alliance.

AILE DROITE

Liegnitz.

Quartier-général, sous le commandement du Dr Landsberg, lieutenant de l'Alliance.

AILE GAUCHE	AILE DROITE
Memel.	Breslau.
Avant-poste du cordon d'investissement, sous les ordres du Dr Rülff.	Jarotchin.
	Pleschen.
	Ostrowo.
	Koshmin.
	Krotochin.
Tilsit.	Trachenberg.
Johannisbourg.	Trebnitz.
Shirmindt.	Schweidnitz.
Insterbourg.	Oppeln.
Cunnbinen.	Falkenberg.
Topiau.	Wierusovo.
Presten.	Pitschen.
Weissenbourg.	Gleiwitz.
Lautenbourg.	Ratibor.
Strasbourg.	Rybnitz.
Graudenz.	Pless.
Briessen.	Kattowitz.
Bromberg.	Tarnowitz.
Culm.	Kœnigshutto.
Thorn.	Laurahutto.
Strelno.	Zaberze.

AILE GAUCHE	AILE DROITE
Krushwitz.	Cracovie.
Insworoslav.	Brody.
Gnesen.	
Wierschen.	
Samter.	
Obornik.	
Posen.	
Kosten.	
Schroda.	
Schrimm.	

N. B. Un coup d'œil sur la carte suffit pour faire ressortir toute l'habileté de ce plan stratégique, ayant pour but de cerner la frontière russe. Cela ne saurait évidemment être attribué à un simple hasard.

D'ailleurs, nulle part on ne trouve une si puissante concentration des forces judaïques, ni une si savante distribution. Les comités étaient subdivisés : 1° En comités d'attaque, agissant offensivement sur le territoire russe ; 2° En comités d'alarme, qui faisaient feu du côté opposé, c'est-à-dire qui lançaient sur le reste de l'Europe toute sorte de nouvelles propres à impressionner l'opinion publique et à aider les nihilistes.

OUVRAGES DU MÊME AUTEUR

Les Femmes en Turquie, 1 vol. in-12.

Les Softas et les Derviches, 1 vol. in-12.

La Conquête du Monde par les Juifs (en six langues). 9me édition. Brochure in-12.

Typ. Attinger frères. — Neuchatel (Suisse).